O GUIA DO GURU DA CERVEJA

Direitos em língua portuguesa para o Brasil:
Matrix Editora - Tel. (11) 3873-2062
atendimento@matrixeditora.com.br - www.matrixeditora.com.br

Publicado sob licença da
Souvenir Press

Título do original em inglês
The Beer Guru's Guide

Capa: Fernanda Guedes

Ilustrações: Frankie Coventry

Diagramação: Diogo Shiraiwa

Tradução: Drago

Revisão: Adriana Parra
Luciane Helena Gomide

CIP - Brasil. Catalogação na fonte.
Sindicato Nacional dos Editores de Livros, RJ

Street, C. E. (Christopher Edwin), 1947-
O guia do guru da cerveja / Chris Street ; [tradução Davi Emídio Rago] . - São Paulo : Matrix, 2007.

Tradução de: The beer guru's guide

1. Cerveja - Humor, sátira, etc. 2. Humorismo americano. I. Título.

07-3423. CDD: 817
CDU: 821.111(73)-3

Chris Street

O GUIA DO GURU DA CERVEJA

Iluminação para quem tem sede de conhecimento

MATRIX

Traduzido dos
escritos originais, em sânscrito,
encontrados na
região da Cerva.

"O poder da cerveja de induzir a um estado alterado de consciência faz dela um poderoso auxiliar ao desenvolvimento espiritual."

O Guru da Cerveja

"Dedicado às muitas almas
iluminadas capazes de compreender que
beber cerveja pode
ser uma experiência religiosa."

O Guru da Cerveja

Os Ensinamentos do Guru da Cerveja

1
O Guru da Cerveja e o Swomos Bebhum-Dibhar

O Guru da Cerveja é uma figura misteriosa. Muitos acreditam que ele seja parcialmente humano e parcialmente divino; um avatar que encarnou na Terra, em nossos dias, para livrar a humanidade de suas tendências autodestrutivas e da cerveja ordinária vendida em latinhas.

Os que já o viram afirmam que ele é jovem e belo, muito parecido com Johnny Depp.

Outros dizem que ele é um velho louco, com olhos selvagens injetados e uma emaranhada barba grisalha, cujos pêlos brotam de seu rosto como fios de crina brotam de uma almofada gasta.

Nos dois casos pode haver razão; pois, nesta vida, todos estamos em meio a uma jornada da juventude à velhice, e a cerveja pode acelerar dramaticamente esta transição — às vezes, da noite para o dia!

Ela também pode se tornar, se você seguir os ensinamentos do Guru da Cerveja, a fonte da eterna juventude e da sabedoria.

Em sua juventude, o Guru da Cerveja foi educado, ao longo de muitos anos, por seu mestre: o homem-santo Sai Caca, o Swomos Bebhum-Dibhar.

Seus ensinamentos, contudo, se baseiam na antiga tradição mística do Oriente.

Sua abordagem única desenvolveu-se quando chegou a hora de o jovem Guru encontrar o seu próprio caminho.

Então, ele se despediu de Sai Caca e caminhou sozinho pelas trilhas no sopé dos Himalaias.

Por rotas tortuosas, suas andanças levaram-no até a Baviera, onde ele se encontrou com o venerável *Braumeister* — mestre-cervejeiro — Otto von Porre, que estava destinado a ser seu próximo mestre.

Descendente direto do rei Ludwig II, Otto confiaria ao jovem Guru da Cerveja os segredos zelosamente guardados da arte dos cervejeiros bávaros. (A *Reinheitsgebot* — a "lei da pureza" bávara — não admite que nenhum ingrediente artificial seja acrescentado à cerveja produzida naquela região, tornando-a, para o Guru da Cerveja, uma espécie equivalente à água-benta.)

Quando retornou ao solo ancestral de sua terra natal, a sabedoria espiritual do Oriente já se havia fermentado com a divina cerveja do Ocidente, fundindo-se alquimicamente na mente do Guru da Cerveja.

Então, notou que apenas ele seria capaz de combinar misticismo e cerveja, num elixir poderosíssimo.

Num vale secreto, oculto nas altitudes dos Himalaias, ele criou uma cerveja sagrada e idealizou um novo caminho espiritual.

Um caminho de transformação e de iluminação através da divina intoxicação e dos mistérios da cerveja.

O caminho do Guru da Cerveja.

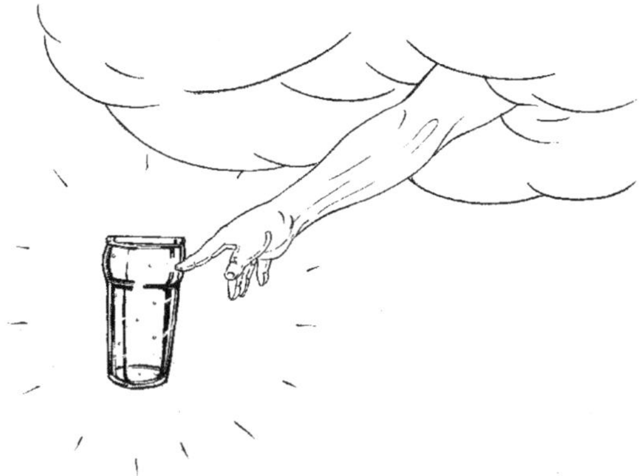

"A cerveja é prova de que Deus existe."

O Guru da Cerveja

2
O Caminho do Guru da Cerveja

Quando se bebe cerveja
chega-se a um ponto
em que você se sente completamente relaxado
e uno com o mundo
e com todas as pessoas.

Quando você sente
que é o seu verdadeiro eu.

Nesse momento,
os segredos do Universo
vivem em seu coração,
e você tem o conhecimento de todas as coisas,
do passado, do presente e do futuro.

Você experimenta a eternidade
e se torna um deus entre os homens.

Todavia, esse momento é fugaz,
como um sonho.
Ele rapidamente se esvai.

Imagine
se você pudesse reter esse momento
e nele viver
numa eterna onda
de bem-aventurada onisciência.

Esse é o caminho do Guru da Cerveja;
e o de todos os gurus.

Se você quiser experimentá-lo,
é preciso dar o primeiro passo nessa trilha.

Você deve empreender
a Busca pela Sacra Birra.

"Uma jornada de mil cervejas começa com uma única garrafa."

O Guru da Cerveja

3
A Busca pela Sacra Birra

Em meio às altitudes dos Himalaias esconde-se o vale de Shangri-La-La-La. Sob muitos pontos de vista, trata-se de um paraíso. O clima é de verão o ano todo. As mulheres são lindas e a cerveja é mais sagrada do que a água-benta da pia batismal de Lourdes. Lá não existe trabalho a não ser a busca incessante pela iluminação, que pode ser obtida ao se beber a divina fermentação do Guru da Cerveja, num dos vários templos cervejísticos — onde também é permitida a fruição dos prazeres mais mundanos dos jogos de dardos, cartas, sinuca ou assistir futebol pela TV.

Há templos cervejísticos em grande quantidade. Estabelecimentos gloriosos, para onde os mais espiritualmente inclinados podem ir a qualquer hora do dia e provar do néctar sagrado, enquanto dão graças aos deuses (e ao Guru da Cerveja) por provê-los em abundância.

Toda a atividade nos templos cevejísticos é mantida pelas incrivelmente atraentes sacerdotisas da Deusa da Cerveja, Kay-La — que possui muitos braços a mais do que as mulheres mortais; e, por esse motivo, é a única criatura com o "equipamento" adequado para desempenhar seu divino papel de Mantenedora da Sacra Birra e sua Provedora Universal.

A cerveja local é conhecida como Shangri-La-La-Lager, ainda que seja tão diferente de uma cerveja *lager* comum quanto um diamante é diferente de um pedaço de carvão.

A Shangri-La-La-Lager é a cerveja sagrada criada pelo Guru da Cerveja e reverenciada pelos seus seguidores. Ela também é conhecida como a "Dourada", ou o "Elixir da Vida".

Ela não dá ao bebedor uma "barriga de cerveja", nem lhe causa a horrível "flacidez cervejística". Ao contrário, ela promove a juventude eterna, aumenta a energia sexual, concede a imortalidade e confere infinita sabedoria.

Após o primeiro gole, você já se sente inacreditavelmente bem-disposto, forte, bonito e irresistível a todas as mulheres. Você se torna onisciente, onividente e pode fazer tudo o que quiser.

Eu imagino, é claro, que muitos homens se sintam assim depois de algumas cervejas de qualquer tipo. Isso é uma prova dos poderes inerentes a qualquer cerveja; a diferença é que com a "Dourada" os efeitos duram bem mais do que um nanossegundo, e você não acorda, na manhã seguinte, se sentindo como se tivesse levado uma surra de toda a equipe feminina de arremesso de peso da delegação olímpica russa.

A "Dourada" é o que há. Ela é a "Sacra Birra", o "Elixir da Vida". Ela provém da Fonte de Todo o Conhecimento, no Templo da Deusa da Cerveja, incrustado no alto das montanhas que circundam o vale de Shangri-La-La-La.

O único caminho que leva ao vale passa pelo Mosteiro dos Irmãos da Cerveja.

O único caminho que leva ao Mosteiro dos Irmãos da Cerveja principia na Caverna do Guru da Cerveja.

A única maneira de chegar à Caverna do Guru da Cerveja é por meio de uma Viagem Astral.

Não há estradas ou trilhas. O único caminho é o caminho do Guru da Cerveja. Você deve seguir seus ensinamentos religiosamente.

Você deve experimentar e estudar as melhores cervejas do mundo; então, aprenderá a liberar o poder secreto da cerveja e a transmutá-la no seu próprio elixir sagrado.

É evidente que ele não será tão poderoso quanto a "Dourada", mas será a sua Sacra Birra particular, que o ajudará a liberar seus poderes psíquicos latentes, de modo a fazê-lo estabelecer contato direto com o seu mestre espiritual, o Guru da Cerveja, e com todos os monges do Mosteiro dos Irmãos da Cerveja.

Com eles como seus guias espirituais você aprenderá a fazer uma Viagem Astral até Shangri-La-La-La, para encontrar o Templo da Deusa da Cerveja e beber da Fonte de Todo o Conhecimento.

Que sua busca pela Sacra Birra seja coroada de sucesso.

Que a boa fortuna e as bênçãos da cerveja se derramem sobre você em sua jornada espiritual.

"Algumas das beberagens alcoólicas mais letais que se possa imaginar foram criadas por religiosos, em lugares de reverência espiritual."

O Guru da Cerveja

4
Monges, Bêbados e Homens-Santos

Surpreendentemente, o Guru da Cerveja não foi o primeiro a inventar uma combinação incomum entre cerveja e espiritualidade. A Sacra Birra tem uma longa e distinta história.

Na Idade Média, as maiores cervejarias eram abadias e mosteiros.

"Eles não são bêbados. Eles são homens-santos."

O Guru da Cerveja

E elas não se limitavam à produção de cerveja. Todo tipo de vinhos maravilhosos, licores e destilados foi preparado por monges, que recebiam generosas doses diárias desses produtos para seu consumo particular.

A Abadia de Buckfast, em South Devon, Inglaterra, ainda produz uma cerveja tão poderosa que é reverenciada até mesmo pelos beberrões mais inveterados de Glasgow.

A Ordem Beneditina é responsável pela fabricação de uma "poção" tão forte que pode deixá-lo inconsciente com uma rapidez alarmante, se você for incauto o bastante para provar dela sem moderação.

Abbott's Ale ("Cerveja do Abade"), *The Bishop's Tipple* ("O Traguinho do Bispo"), *Augustinian Ale* ("Cerveja Agostiniana"), *Bière des Templiers* ("Cerveja dos Templários") e várias outras marcas que estampam os rótulos de garrafas e latas de cerveja atualmente são testemunhas do fato de a história da cerveja estar inextricavelmente entrelaçada às origens das grandes instituições espirituais da Europa.

Até mesmo o maior e mais famoso festival da cerveja do mundo — a *Oktoberfest*, de Munique — tem raízes religiosas. *München*, como é chamada a cidade de Munique na Alemanha, quer dizer "o lugar dos monges".

Os bebedores de hoje em dia não compartilham dessas sagradas fermentações para se aproximarem de uma experiência com o divino; os antigos monges, porém, talvez as confeccionassem e consumissem exatamente com esse objetivo.

É um fato bem conhecido que as experiências místicas, às vezes, são mais facilmente obtidas quando se está sob influência de alguma beberagem ou outro tipo de substância intoxicante.

"Depois de apenas uma garrafa, eu me lembrei de várias vidas passadas."

O Guru da Cerveja

Em meio a muitas culturas ancestrais, a intoxicação era deliberadamente utilizada como via para a iluminação; ou, ao menos, para a indução a um estado alterado de consciência.

Na tradição Viking, a bebedeira cerimonial era conhecida como *Sumbel* ou *Symbel* e era tomada com grande entusiasmo. A cerveja era consumida em vastas quantidades, para trazer inspiração e promover a recitação espontânea de versos, na crença de que isso encorajaria as palavras a fluírem tão livremente quanto a própria cerveja.

Entre os povos mediterrâneos, os iniciados nos Mistérios de Elêusis partilhavam de uma bebida cerimonial conhecida como *Kykeon*, que desempenhava papel importante na precipitação da *epoptia*, um despertar visionário.

Esses exemplos de intoxicação ritual evidenciam as marcantes diferenças entre o hábito corriqueiro de beber cerveja, hoje em dia, e o caminho da iluminação seguido pelo Guru da Cerveja.

Para o Guru, beber cerveja é parte de uma cerimônia sagrada, uma experiência espiritual profunda, conduzida com grande reverência.

Não apenas uma farra.

"Aquele que bebe cerveja dorme bem. Aquele que dorme bem não pode pecar. Aquele que não pode pecar vai para o Céu. Amém."

Antigo ditado monástico alemão

"Você tem de ser mesmo muito bem-equilibrado para trilhar um caminho tão louco quanto este."

O Guru da Cerveja

5
O Caminho do Idiota

Quando tomar o caminho do Guru da Cerveja, esteja certo de que muitos o verão como um idiota, em vez de sábio.

O mesmo se aplica a qualquer caminho para a iluminação, não apenas a este.

"Ele não é um Guru. Ele é um alquimista do mijo."

Um mortal não-iluminado

Quando dá seus primeiros passos numa jornada espiritual, você começa a ver o mundo com outros olhos.

Você terá experiências que os outros nem sequer imaginaram e as quais nunca compreenderão, a menos que trilhem o mesmo caminho que você.

Uma vez que inicie sua jornada pelo caminho do Guru da Cerveja, muitas das coisas que você faz, diz ou em que acredita parecerão sintomas de loucura para os outros. Você não será totalmente capaz de partilhar suas experiências com eles por temer o ridículo.

Por exemplo, você não poderá conversar com o seu guia espiritual, o Guru da Cerveja, em público. Ninguém mais poderá vê-lo, e as pessoas pensarão que você está falando sozinho. Elas suspeitarão, antes, de esquizofrenia ou delírio alcoólico em vez de estarem presenciando uma conversa com uma entidade sábia e refinada, que viaja no Astral.

Se você tiver uma visão divinal da Deusa da Cerveja, as pessoas não irão, imediatamente, achar que você está tendo uma experiência profundamente iluminadora, como aquela que teve São Paulo, na estrada para Damasco. É mais provável que elas achem que você "perdeu um parafuso".

Na verdade, algumas dessas pessoas que se vê na rua, parecendo embriagadas, falando consigo mesmas, dançando com parceiros invisíveis e, geralmente, apresentando um comportamento bastante estranho, podem muito bem ser seguidores do Guru da Cerveja.

Ainda que essas pessoas pareçam sofrer com os sintomas da loucura completa ou intoxicação alcoólica total, elas podem, de fato, estar experimentando os efeitos colaterais de sua progressão espiritual.

Como você deve ter imaginado, este não é um caminho para quem já sofre com sintomas similares; por isso, se você tem um histórico de instabilidade mental, insegurança emocional, ansiedade, neurose ou alcoolismo, o caminho do Guru da Cerveja não é para você.

Por outro lado, se você não se leva tão a sério assim e gosta de uma boa diversão, o caminho provavelmente é para você também.

"O caminho para a iluminação está juncado de garrafas de cerveja vazias."

O Guru da Cerveja

6
Encontrando o Equivalente Cervejístico da sua Cara-Metade

Antes de iniciar o caminho do Guru da Cerveja você precisará encontrar uma cerveja para utilizar em seus exercícios de bebedeira espiritual e para transmutá-la em sua Sacra Birra particular. Qualquer cerveja comum não servirá.

Tenha em mente que você irá misturar as energias de sua alma e sua força vital a essa cerveja. Por isso, sua pureza é da maior importância. Marcas ordinárias, vendidas em supermercados, e chopes aguados não podem ser portais para dimensões mais elevadas.

"Nem todas as cervejas são iguais.
Algumas são divinas; outras, diabólicas."

O Guru da Cerveja

As portas da percepção só podem ser abertas por aqueles que conservem pura sua intenção de fazê-lo; assim, você deve escolher a cerveja mais pura que estiver ao seu alcance.

Este estágio do caminho do Guru da Cerveja envolve uma considerável dose de pesquisa. Talvez você deva viajar por longas distâncias em busca de cervejas raras e exóticas. Experimente tantas quanto lhe for possível; então, decida qual delas será o equivalente cervejístico da sua cara-metade.

Primeiro, experimente as fermentadas de acordo com a "lei da pureza" bávara — a *Reinheitsgebot*, introduzida pelos duques da Baviera, em 1516 —, que proíbe a utilização de qualquer outro ingrediente além de cevada maltada, levedura e água na confecção de uma cerveja (ainda que a adição de lúpulo também seja permitida, atualmente).

Uma peregrinação à *Oktoberfest*, em Munique, onde a maioria — se não *todas* — das melhores cervejas da Baviera está disponível, deve bastar para que você eleja qual, dentre todas aquelas diferentes fermentações, será o seu "néctar dos deuses" particular. Todavia, não se apresse a tomar sua decisão final antes de "esticar" sua peregrinação para experimentar as cervejas monásticas da Bélgica, França e Inglaterra.

Particularmente recomendadas são as cervejas *vintage*, fermentadas pelos monges trapistas de Chimay, na França; a *Bière des Templiers*, confeccionada em memória dos antigos Cavaleiros; a *Augustinian Ale*, da *Nethergate Brewery*, na Inglaterra; e a *King Cnut Ale*, da cervejaria *St. Peter*.

A *King Cnut Ale*, aliás, é — atualmente — a bebida mais parecida com as tradicionais cervejas monásticas de mil anos atrás que se pode encontrar: utiliza-se urtiga em sua fermentação, em vez de lúpulo.

Saboreie quantas dessas cervejas você puder, até escolher uma que lhe "fale" ao coração e à alma. Se você acha que isso pode levar muito tempo, não se preocupe. Alguns seguidores do Guru da Cerveja detêm-se nesse estágio de sua busca espiritual por muitos e longos anos.

Na verdade, alguns nunca passam desse estágio; e, presumivelmente, reencarnam, para continuar essa meritória busca em suas vidas subseqüentes.

"No princípio, Deus criou a cerveja."

O Guru da Cerveja

7
Fazendo a sua: a Alquimia da Cerveja

A busca pela cerveja perfeita leva muita gente a interessar-se por aprender a arte do *braumeister*. Não são poucos os que dedicam suas vidas inteiras a essa atividade, convertendo as edículas, garagens, sótãos, celeiros ou quartos de hóspedes de suas casas em verdadeiras cervejarias domésticas.

A arte de confeccionar sua própria cerveja guarda muitas semelhanças com a antiga arte da Alquimia. Mas, em vez de transformar chumbo em ouro, você transmutará água na sua "Dourada" – a sua cerveja sagrada particular.

Ambas as ações são simbólicas, pois, enquanto as pratica, você está liberando os poderes secretos da cerveja, que podem transformá-lo, de modo a tornar você uno com seu eu superior.

Por isso, a escolha da água a ser empregada nessa tarefa é de importância crucial.

"Cerveja impura gera pensamentos impuros."

O Guru da Cerveja

Confeccionar uma cerveja para ser utilizada nas práticas espirituais requer água de uma fonte consagrada, não o líquido ordinário que flui de uma torneira qualquer.

Na Inglaterra, por exemplo, águas provenientes de várias fontes consagradas são comercializadas em vasilhames portáteis, como água mineral. Se você não puder obter água de uma fonte assim, a água coletada diretamente de uma fonte natural, armazenada em boas condições sanitárias e sem aditivos ou conservantes de qualquer espécie, também serve. É claro, porém, que a qualidade das matérias-primas a partir das quais você obterá sua cerveja é de sua exclusiva responsabilidade.

Atenha-se aos ingredientes tradicionais — lúpulo, cevada e levedura —, se quiser. Ou seja mais aventuroso, como os monges trapistas da Bélgica, que fazem experiências maravilhosas com toda sorte de ingredientes insólitos.

Você pode se aprofundar no estudo da tradição herbal druida e confeccionar uma espécie de "poção mágica". Cervejas preparadas com os frutos do sabugueiro ou das urzes são particularmente indicadas para "abrir os olhos", no sentido psíquico.

A obtenção de cerveja a partir de cogumelos e outros fungos "mágicos", contudo, deve ser evitada. Suas propriedades alucinógenas são devastadoras, e a sanidade, uma vez perdida, é algo notoriamente difícil de recuperar. Você tem apenas uma mente. Não a desperdice.

É muito provável que os efeitos alucinógenos das cervejas primitivas tenham dado origem à noção contemporânea de "poção mágica". Sob a influência dessas beberagens, nossos ancestrais devem ter imaginado que podiam operar milagres, adquirir uma força sobre-humana, ter visões místicas, "visitar" outras dimensões, tornar-se onipotentes, "ler" as mentes das pessoas ou entender o sentido da vida.

De maneira muito similar ao que fazem as pessoas que bebem cerveja, hoje em dia.

"Depois de apenas uma garrafa, eu me lembrei de várias vidas passadas."

O Guru da Cerveja

8
A Prospecção por Cerveja

Não há muita diferença entre fazer prospecção por água ou por cerveja, exceto pelo fato de que você jamais precisará escavar o solo para encontrar cerveja.

Tudo o que você precisa é de um par de varetas metálicas, dobradas em forma de "L", usadas para a prospecção — que podem ser feitas com dois cabides de arame, devidamente esticados e dobrados.

Empunhando uma vareta em cada mão, você deve, então, adentrar um supermercado ou outro estabelecimento comercial similar e deixar que elas lhe apontem a melhor cerveja disponível no recinto, poupando-lhe o trabalho de ler uma infinidade de rótulos e as despesas decorrentes da compra de uma enorme quantidade de diferentes marcas de cerveja a serem experimentadas.

Céticos afirmam que as varetas de prospecção oscilam — especialmente quando utilizadas na prospecção por cerveja — devido ao ligeiro balanço, de um lado para o outro, do corpo da própria pessoa que as empunha.

Esse é um dos mais bem-documentados efeitos colaterais da cerveja; por isso mesmo, pode muito bem ser parte do misterioso processo de prospecção por cerveja. Sob circunstâncias normais, no entanto, a movimentação das varetas deve-se a movimentos musculares muito sutis, imperceptíveis a olho nu, provocados pela atividade subconsciente da mente — governada pelo seu eu superior, que tudo conhece, pois é parte da consciência coletiva universal.

Ignore os olhares estranhos que outros freqüentadores desses estabelecimentos comerciais possam lhe dirigir. É bem provável que eles não sejam tão espiritualmente desenvolvidos quanto você, e, por isso, não conseguem compreender as ações de seres mais elevados.

Tenha em mente que as informações contidas em um dos capítulos anteriores, sobre o Caminho do Idiota, são particularmente relevantes para a prática da arte da prospecção por cerveja.

Para a opinião pública, em geral, existe uma forte conexão entre a idiotia e o fato de andar por aí segurando um par de cabides dobrados.

"É preciso nutrir o homem interior. Ponha uma cerveja dentro de você."

O Guru da Cerveja

9
Criando seu Espaço Consagrado para a Cerveja

Quando tiver selecionado ou confeccionado a sua Sacra Birra particular, será preciso criar um espaço consagrado em sua casa, onde você poderá meditar, praticar cerimônias sagradas de cervejismo, comungar com a divina Deusa da Cerveja e abrir-se para receber a inspiração das forças criativas do Universo.

Várias tradições antigas utilizam um espaço circular, pois o círculo é um poderoso símbolo da eterna recorrência da vida e dos infinitos ciclos celestiais.

Os seguidores do Guru da Cerveja devem construir seus próprios círculos cervejísticos sagrados. Para tanto, é necessária uma sala ou cômodo bastante espaçoso.

Encha oito canecas grandes (suficientes para conter aproximadamente uma garrafa de cerveja inteira) e posicione-as em círculo, no chão. No meio do círculo, coloque uma almofada confortável, ou a sua poltrona favorita, na qual você deverá sentar-se para praticar seus rituais cervejísticos sagrados.

Use uma bússola para orientar precisamente a posição das canecas de cerveja dispostas em círculo: quatro delas deverão assinalar os quatro pontos cardeais — norte, sul, leste e oeste —, para conectar seu círculo cervejístico à trama de poder magnético da Terra. As quatro canecas de cerveja restantes deverão ser posicionadas, em intervalos regulares, alternadamente entre as outras.

Assim, você terá construído um lugar de poder: um templo cervejístico conectado às oito direções sagradas. Em termos de Feng Shui ou geomancia, isso equivale a conectar sua cerveja às correntes energéticas cósmicas. Posicionando suas canecas de cerveja dessa forma, você faz que elas se encham com a força vital do planeta e do Universo.

Seu primeiro exercício consiste em sentar-se, perfeitamente calmo e imóvel, bem no centro do círculo cervejístico que você criou. Ali, tente entrar em sintonia com o poder universal, que agora flui através de sua cerveja.

A prática desse exercício desenvolverá sua habilidade de sentir os poderes místicos que se revelam por meio da cerveja e permitirá que você os utilize em seu próprio benefício.

Resista à tentação de beber a cerveja, tanto quanto lhe for possível.

Isso aumentará sua força de vontade e temperará seu caráter para as futuras provas no caminho do Guru da Cerveja.

Falhar nessa última parte do exercício não é motivo para sentir-se envergonhado.

Muito provavelmente, você deverá beber inúmeras canecas de cerveja antes que a sua vontade e determinação para seguir o caminho do Guru da Cerveja se tornem fortes o bastante para permitir que você avance ao próximo nível espiritual.

À medida que evolui no caminho do Guru da Cerveja, você pode desejar aumentar o poder do seu círculo cervejístico, criando padrões geométricos mais sofisticados, com vários anéis concêntricos ou canecas empilhadas umas sobre as outras, como nos círculos utilizados pelos antigos irmãos cervejistas, os druidas.

Erigir um círculo cervejístico sagrado baseado no desenho das ruínas de pedra do templo de Stonehenge, na Inglaterra, pode requerer mais de cem canecas da sua Sacra Birra, e será imensamente mais poderoso, como templo cervejístico, se posicionado ao ar livre. Além disso, tal estrutura causará uma profunda impressão à vizinhança.

"Bebo; logo, existo."

O Guru da Cerveja

10
Templos e Altares Cervejísticos

"Cerveja é uma coisa sagrada. Não a coloque sobre uma mesa; coloque-a sobre um altar."

O Guru da Cerveja

Se estiver seriamente determinado a se tornar, você mesmo, um Guru da Cerveja, será preciso criar um altar sobre o qual você manterá a sua Sacra Birra.

Qualquer mesinha pequena poderá ser adequada, se você a cobrir com uma toalha de cor vibrante. Um pedaço de veludo azul-marinho, vermelho-sangue ou púrpura proporciona uma cor de fundo que fará um belo contraste cromático com uma garrafa da sua "Dourada". A maioria dos seguidores do Guru da Cerveja, no entanto, tende a cobrir seus altares com uma bandeira que ostenta as cores dos times de futebol de sua preferência.

Sobre o altar, devem ser colocados objetos que você reverencie, coisas que o inspirem, que elevem o seu espírito e falem ao seu coração.

Você pode começar com uma garrafa da sua cerveja favorita, um bom abridor de garrafas, um copo e uma foto do seu time quando da conquista do título, no último campeonato.

Se você tiver outras lembranças enaltecedoras ou objetos de devoção, sinta-se à vontade para utilizá-los também.

Alguns seguidores do Guru da Cerveja, por exemplo, gostam de expor sobre seus altares uma fotografia do Dalai Brahma, uma estatueta da Nossa Senhora das Latinhas ou uma imagem da Deusa da Cerveja, a divina Kay-La.

Contudo, jamais deposite cigarros, salgadinhos, cartas de baralho ou dardos sobre o altar. Essa não seria uma atitude apropriada.

Lembre-se de que o altar é o foco central do seu lugar especial de adoração, o lugar para onde você vai em busca de inspiração. Daí a importância de sua correta localização.

Você não precisa consultar um especialista em Feng Shui para isso. Aliás, praticantes de Feng Shui não são Gurus da Cerveja e não fazem, absolutamente, a menor idéia sobre a natureza sagrada da cerveja.

Posicione o seu altar no centro do círculo cervejístico sagrado, próximo à sua almofada ou poltrona favorita, de modo a poder alcançar facilmente a cerveja depositada sobre ele, na hora em que o "Sagrado Fúti" começar a passar na TV.

"Para começar a ver auras,
você só precisa de umas boas canecas
da Cerveja dos Visionários."

O Guru da Cerveja

11
Vendo a Aura da sua Cerveja

A frase “ver a luz” não é destituída de fundamento. Quando você começa a se conscientizar das dimensões espirituais que existem ao seu redor, você realmente começa a ver a luz, na forma de um halo ou de um brilho que envolve as pessoas.

Isso é o que se chama aura. Toda coisa ou ser vivo, sem exceção, irradia uma aura de energia espiritual. É sua força vital, a energia de sua alma.

Algumas pessoas possuem uma habilidade natural que lhes permite ver auras. Outras podem aprender a fazê-lo. Umas poucas jamais conseguem ver algo além das aparências do mundo material e terminam fazendo política.

Até mesmo a cerveja tem aura.

É comum ver homens, nos bares, elevando seus copos contra uma fonte de luz, tentando ver a aura de suas cervejas.

Para obter melhores resultados, posicione seu copo ou garrafa de cerveja contra um fundo de cor uniforme. Sente-se confortavelmente em seu círculo cervejístico e relaxe, respirando longa, profunda e pausadamente. Aquiete sua mente e limpe seus pensamentos. Não olhe fixamente para a sua cerveja. Dirija seu olhar para um ponto acima e além do recipiente, de modo que a imagem da cerveja lhe pareça um tanto desfocada. Você verá, então, uma aura difusa em torno dela.

Quanto mais você beber, mais fácil será perceber imagens desfocadas o bastante para ver as auras; portanto, beba grandes quantidades da sua cerveja sagrada, para facilitar-lhe a experiência.

Com o passar do tempo — com bastante cerveja e muita prática —, você passará a ver um brilho difuso em torno de todas as coisas, inclusive da sua cerveja.

Uma palavra de cautela: se não consegue ver a aura da sua cerveja, você pode estar bebendo a cerveja errada. Cervejas enlatadas ordinárias têm auras muito fragmentadas — ou não têm aura, absolutamente. Muitas delas não possuem nenhum espírito ou força vital. Evite bebê-las, sob quaisquer circunstâncias.

O Guru da Cerveja produz uma cerveja profundamente imbuída de aura, conhecida como a Cerveja dos Visionários; que confere o poder de ver auras a qualquer um que dela beba.

Depois de apenas um gole, você se encontrará num mundo em que todas as coisas emanam uma luz de brilho ofuscante, mais ou menos como as roupas brancas recém-lavadas num comercial de sabão em pó, só que um pouco pior.

Você pode sair dessa experiência parecendo um coelho surpreendido pelas luzes dos faróis de um carro em alta velocidade, no meio de uma estrada deserta, numa noite sem luar.

"Jamais beba uma cerveja sem aura; ela drenará toda a sua força vital."

O Guru da Cerveja

"A qualidade da sua vida é diretamente proporcional à qualidade da sua cerveja."

O Guru da Cerveja

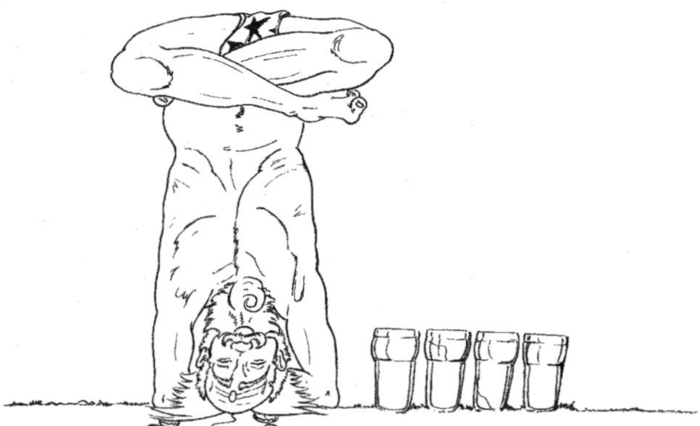

12
Interpretando a Aura da sua Cerveja

Em termos gerais, quanto melhor a cerveja, maior e mais brilhante será sua aura. Uma aura forte e radiante significa que a cerveja é adequada ao consumo espiritual e ao beber cerimonial.

Quando tiver desenvolvido sua clarividência suficientemente para ver as cores de uma aura, você notará que as cervejas mais puras apresentam uma rica tonalidade dourada em torno de si. Uma cerveja como essa será relaxante, aguçará suas faculdades mentais e aperfeiçoará a clareza de seus pensamentos.

Muito raramente, e apenas com uma cerveja espiritualmente avançada, você poderá notar uma faixa de um tênue matiz violeta em torno da emanação dourada. Isso indica que o *chakra* coronariano da cerveja está aberto e ativo. Essa será, portanto, uma cerveja em conexão direta com os níveis mais profundos da consciência coletiva, pela qual você poderá se comunicar com o seu eu superior.

"Muitas cervejas ordinárias têm auras idênticas à da urina de um mosquito."

O Guru da Cerveja

Cervejas com auras avermelhadas devem ser evitadas, pois podem fazê-lo perder o controle sobre seu temperamento, tornando-o incomumente violento e abusivo; ou fazê-lo envolver-se em sórdidos encontros sexuais com parceiros impróprios. Após ingeri-las, você pode acordar num hospital, na cadeia ou na cama, com uma mula.

Muitos homens jovens, com espíritos não-desenvolvidos, sentem-se irresistivelmente atraídos por esse tipo de cerveja.

Cervejas com auras castanho-amarronzadas tendem a provocar depressão e a deixá-lo com uma dor de cabeça monumental.

Cervejas cujas auras apresentem pontos negros e vermelhos brilhantes ou que pareçam emitir *flashes* luminosos devem ser evitadas a todo custo. Essa é a descrição típica da universalmente conhecida "aura de Glasgow", capaz de transformar o bar ou salão mais tranqüilo numa ruidosa arena pugilística numa fração de segundo.

Cervejas com auras púrpura são, potencialmente, poções mágicas, e podem fazer florescer habilidades psíquicas, induzir a experiências com vidas passadas ou a vislumbres do futuro. Caso suas propriedades alucinógenas sejam excepcionalmente poderosas, você pode surpreender-se tocando um solo incrível, ao estilo dos anos 1970, numa guitarra invisível, que ninguém mais poderá ouvir. Manuseie-as com cuidado.

Cervejas com auras azul-escuras o transformarão num sujeito afetado, pedante e temperamental, ainda que isso tenha dado um excelente resultado para o famoso poeta Dylan Thomas.

Uma aura azul-turquesa caracteriza as cervejas *new age*. Elas podem ajudá-lo a entrar em contato com o seu lado feminino e facilitar a comunicação com seres extraterrestres de Sirius ou com entidades desencarnadas das Plêiades.

Você pode começar a canalizar mensagens de tal maneira profundas e significativas que serão totalmente incompreensíveis para os mortais comuns, incluindo você mesmo.

"Nunca beba nada sem cabeça."

O Guru da Cerveja

"Seu corpo é um templo. Abençoe sempre a sua cerveja e santifique-a, antes de deixá-la entrar em seu corpo."

O Guru da Cerveja

13
Abençoando a sua Cerveja

Beber cerveja é um ato sagrado. Por isso, abençoar a cerveja consagra-a para a utilização espiritual.

Na Idade Média, os monges, ao abençoarem sua cerveja, marcavam os barris que a continham com um "X". O mesmo método também servia para identificar os barris que continham cervejas mais ou menos fortes, pois a maioria dos mosteiros confeccionava três tipos de cerveja, marcados com "X", "XX" e "XXX".

A cerveja melhor e mais forte era reservada para os dignitários locais, visitantes importantes e para a elite da abadia ou mosteiro. A cerveja marcada com "XX", de teor alcóolico e qualidade medianos, era utilizada para o consumo cotidiano dos monges e seus auxiliares.

A cerveja mais fraca, marcada com um único "X" — geralmente, uma beberagem aguada —, era dada aos pobres peregrinos que estivessem de passagem, às crianças e a qualquer desavisado que de nada pudesse suspeitar.

Os monges raramente confeccionavam cervejas que pudessem ser marcadas com quatro, cinco ou seis "X", pois seriam extremamente danosas ao bem-estar físico e mental de quem as bebesse. Contudo, entre os efeitos benéficos dessas cervejas de graduações muito altas estava a sua utilização como uma forma primitiva de anestésico. A quantidade de "X" usualmente indicava o número de dentes que poderiam ser extraídos do paciente anestesiado, antes que o efeito da cerveja passasse.

Abençoar a cerveja confere-lhe o benefício adicional de carregá-la com energia espiritual, porque o ato de abençoá-la modifica sua qualidade. Uma vez abençoada, a cerveja torna-se tão diferente de uma cerveja comum quanto a água-benta é diferente da água que flui de uma torneira qualquer. (Quem desejar obter uma prova dessa afirmação, deve consultar o trabalho do dr. Masuro Emoto.*)

O efeito também pode ser observado examinando-se a aura de uma cerveja antes e depois de abençoá-la. Em todos os casos, abençoar uma cerveja reforça e melhora a aura, tornando-a maior e mais brilhante. O sabor da cerveja também melhora bastante.

"Um homem com uma cerveja é abençoado. Portanto, ele deve se mostrar grato e abençoar sua cerveja, em retribuição."

O Guru da Cerveja

* N. do E.: cientista japonês que cristalizou e fotografou moléculas de água. Ele as submetia a diferentes tipos de vibrações (sentimentos, idéias e músicas, por exemplo) e registrava em imagens a conseqüente reação das amostras. Estímulos ligados a idéias positivas mostravam as moléculas com formas bem trabalhadas, com desenhos geométricos. Palavras com conotações negativas geravam moléculas disformes.

"O caminho do excesso leva ao palácio da sabedoria."

O Guru da Cerveja

14
Iniciação

Não se toma um caminho espiritual sem uma iniciação.

Isso marca o início de uma nova fase em sua vida, um novo estágio em sua jornada espiritual e principia sua autotransformação.

É um ato de comprometimento. Um ato de fé. Um ato de confiança. Um teste. Um portal que se atravessa.

Quase todas as formas de iniciação nos antigos mistérios envolviam as idéias de morte e renascimento: a morte do seu velho eu e o nascimento de um novo você.

Para tal finalidade, as iniciações freqüentemente ofereciam riscos reais de morte, ou experiências que se aproximassem muito disso, de modo que o iniciado pudesse retornar a este mundo (caso sobrevivesse) com uma nova e valiosa perspectiva da vida após a morte e uma visão pessoal acerca dos mistérios dos reinos espirituais.

Ser enterrado vivo e levantar-se da sepultura para uma nova vida, por exemplo, é uma característica das iniciações xamânica, druídica e maçônica.

Na “iniciação subterrânea”, típica de vários mistérios ocidentais, o iniciado deve encontrar, por si mesmo, seu caminho através de uma caverna escura. Ali, ele será confrontado com seus piores temores e com o lado escuro de seu eu interior. É preciso, portanto, superar seus próprios medos e fraquezas para sobreviver. Ou não, conforme o caso.

O batismo cristão também pode ser interpretado como uma iniciação por meio de uma quase-morte simbólica, por afogamento. Sobreviventes de afogamentos relatam que suas vidas inteiras “passam”, como um filme, por suas mentes, segundos antes do momento em que sua morte seria inevitável.

A iniciação nos mistérios egípcios de Osíris — que tinham lugar na Grande Pirâmide — incluía a sedação total do iniciado e o envolvimento de seu corpo em bandagens, como uma múmia, quando era, então, depositado num sarcófago, na Câmara do Rei, e deixado lá, por vários dias. Assim, o iniciado aprenderia a sair de seu próprio corpo, numa viagem astral, ou morreria de medo e abandonaria seu corpo definitivamente.

De acordo com o Guru da Cerveja, a iniciação nos mistérios cervejísticos pode ser, com freqüência, igualmente desafiadora.

Como seria de esperar, ela envolve uma experiência de quase-morte induzida pela ingestão de cerveja, até o ponto de o iniciado pensar que realmente está prestes a morrer. Isso, inevitavelmente, envolve beber o bastante para passar a um estado alterado de consciência, no qual o iniciado tem infernais visões de pesadelo. Quando desperta, ele vê a si mesmo num lugar remoto e desconhecido, sentindo-se às portas da morte, coberto de vômito e sem a mínima idéia de como chegou lá. Quando começa a se recuperar, pode sentir que ainda está à beira da morte, de uma forma ainda mais dolorosa. Ele, então, jurará que jamais voltará a beber. Nunca mais.

Esse é um aprendizado de grande valor. Um teste real entre a vida e a morte é realizado. Cada vez que você enfia o pé na jaca, 100 mil células cerebrais morrem e jamais são substituídas.

Se beber mais do que o seu corpo pode agüentar fisicamente, você pode morrer por envenenamento alcoólico. Ou afogar-se com o próprio vômito, como o baterista de uma famosa banda de rock. O mínimo que isso vai lhe render é uma dor de cabeça latejante e um mau hálito do qual se pode ver até a cor.

Se você puder sobreviver a uma iniciação como essa e, graças a isso, emergir da experiência como uma pessoa mais sensata, então você estará preparado para trilhar o caminho do Guru da Cerveja.

Aprenda com seus próprios erros. Se você não o fizer, estará mergulhando no abismo do Poço do Sorvedouro.

"Se você está caído no chão e,
ainda assim, sentir que precisa
se segurar, é porque não
está em harmonia com
os movimentos celestiais de
sua Mãe, a Terra."

O Guru da Cerveja

15
A Iniciação no Poço do Sorvedouro

A Terra dá uma volta completa em torno de si mesma a cada 24 horas. A velocidade em sua superfície é superior a 1.600 quilômetros por hora. Ela viaja pelo espaço a 105.600 quilômetros por hora.

Normalmente, nós não percebemos essa movimentação, porque somos parte intrínseca do nosso planeta natal. Movemo-nos como se fôssemos unos com o nosso mundo.

O consumo excessivo de cerveja pode desequilibrar a harmonia dessa relação.

O excesso pode desbalancear nossos *chakras* de tal maneira que nos coloca fora de sincronia com a rotação em torno do eixo polar. Não conseguimos nos manter em pé e agarramo-nos ao chão por medo de sermos arremessados ao espaço infinito.

Nossos canais psíquicos são escancarados; mas, em vez de nos revelar os mais elevados reinos espirituais, eles se abrem para a voragem de abismos abaixo de nossos pés, para o Hades e as negras entranhas sem fundo da Terra.

Pessoas que passam por experiências de quase-morte relatam sua passagem por uma espécie de túnel que leva a uma fonte de luz brilhante. O abismo negro, conhecido como "Poço do Sorvedouro", é o seu extremo oposto.

"Isso me fez lembrar uma das minhas encarnações passadas, como uma secadora centrífuga."

O Guru da Cerveja

Existe o paraíso e existe um outro lugar. Esse é o outro lugar. Você não vai querer ir para lá.

Trata-se de um reino pavoroso, governado pelo Senhor do Abismo Rodopiante – um demônio bêbado, que assume a forma de um gigantesco elefante cor-de-rosa.

Mantenha sempre o seu consumo de cerveja em níveis que não o precipitem a uma visão do Poço do Sorvedouro.

"É fácil notar quando os seus *chakras* precisam ser reequilibrados: você cai."

O Guru da Cerveja

16
Abrindo seus Chakras

Muitos místicos orientais e sensitivos *new age* insistem que é preciso se familiarizar com a prática de abrir e fechar os *chakras* para que se possa evoluir espiritualmente.

Os *chakras* são centros de energia espiritual, localizados em sua aura. A maioria das pessoas não consegue vê-los, nem tem a menor idéia do que são.

Se o seu conhecimento acerca desse assunto é igualmente deficiente, você se sentirá aliviado ao saber que uma profunda familiaridade com essas coisas não é um dos pré-requisitos para seguir o caminho do Guru da Cerveja.

Tudo o que você precisa saber a respeito dos *chakras* é que, para abrir o *chakra* coronariano de uma cerveja, você precisará de um abridor.

"Nunca abra seus *chakras* quando estiver bebendo. Seus miolos podem transbordar."

O Guru da Cerveja

"Vivemos num universo holístico. A cerveja pode conectar você à fonte de toda a criação."

O Guru da Cerveja

17
Tornando-se Uno com a sua Cerveja

A esta altura, você já deve ter criado e consagrado um altar à cerveja, erigido seu círculo cervejístico sagrado, sobrevivido à iniciação no Poço do Sorvedouro e começado a ver a aura da sua cerveja. Já é tempo, portanto, de passar ao próximo estágio dos ensinamentos do Guru da Cerveja e começar a liberar o poder secreto da cerveja.

Todas as coisas estão conectadas. Você deve aprender sobre algumas dessas conexões.

Nós vivemos num universo holístico, no qual todas as coisas possuem a essência do Todo. Os segredos do Universo estão em todas as coisas, especialmente na cerveja.

"Todas as coisas estão espiritualmente conectadas. Especialmente o homem e a cerveja."

O Guru da Cerveja

Para integrar-se com a unidade da força vital do Universo e conhecer todas as coisas, você precisa tornar-se uno com ele. Para tanto, é preciso que você vá bebendo sua cerveja muito lentamente, apenas umedecendo os lábios a cada gole, até atingir o momento culminante em que a ilusão se desvanece e você se sente uno com o Universo.

Saboreie esse momento. Ele é fugaz, mas sinta-o. Viva-o, pois contém a eternidade.

Na culminância desse momento cervejístico está o seu eu eterno, que já vivia antes de você nascer, e que seguirá vivendo após a sua aparente morte neste mundo.

É a magia do caminho do Guru da Cerveja que lhe permite vir a conhecer o seu imortal eu superior nesses lampejos de autoconhecimento, cervejisticamente induzidos.

Isso pode levar semanas, meses ou anos de prática e dedicação. Persevere. Lembre-se de que, nesses casos, quanto menos você tiver bebido, mais duradoura será a sensação de reter esse momento eterno.

"Menos é mais."

O Guru da Cerveja

**"Se Deus é onipresente,
Ele está na sua cerveja."**

O Guru da Cerveja

18
A Deusa da Cerveja

Agora é chegado o momento de descobrir exatamente qual aspecto divino reside no seu caneco. A crença do Guru da Cerveja é bem clara quanto a isso, mas é totalmente aberta às interpretações das religiões tradicionais. De acordo com ele, o aspecto da divindade presente na cerveja é feminino: a Deusa da Cerveja.

Enquanto você exercita a prática de se tornar uno com a sua cerveja (conforme descrito no capítulo anterior), é possível que obtenha breves visões dela.

Ela lhe parecerá como o seu ideal de perfeição feminina. Perfeitamente educada e sábia.

Ela encherá seu coração e sua alma com amor, porque é desvelada e compreensiva.

Ela lhe dará quanta cerveja você quiser, pois é a Provedora Universal.

Talvez ela deseje até fazer sexo astral com você, enquanto você medita em seu círculo cervejístico sagrado.

Os céticos dirão que isso não passa de mera fantasia alcoólica auto-induzida.

Como um devoto seguidor do Guru da Cerveja, você encontrará nela a sua cara-metade vinda de uma realidade espiritual alternativa.

Todavia, é nosso dever oferecer ao leitor uma palavra de advertência. Não confunda as visões da Deusa da Cerveja com o fenômeno do "Vai-qualquer-uma-com-cerveja".

Para quem a bebe, a cerveja tem o poder de fazer com que membros do sexo oposto pareçam muito mais atraentes do que realmente são. É nisso que consiste o fenômeno "miraculoso" do "Vai-qualquer-uma-com-cerveja".

Quanto mais você bebe, mais atraentes elas se tornam. Até ao ponto de qualquer representante do sexo feminino que você veja lhe parecer para lá de belo; uma Deusa da Cerveja encarnada e a mulher dos seus sonhos mais loucos.

"Por meio do milagre do 'Vai-qualquer-uma-com-cerveja', pode-se ver a beleza interior de qualquer mulher."

O Guru da Cerveja

Se isso acontecer a você, saiba que estará metido num grande problema. Pois, quando o efeito cessa, o objeto dos seus desejos é revertido à sua condição normal de mortal comum, e sua atração por ela desaparecerá, como se você tivesse estado sob algum tipo de encantamento (de fato, você estava).

Esse é um exemplo do "lado negro" dos poderes espirituais da cerveja.

Não ceda às tentações do "lado negro". Darth Vader, em pessoa, jamais teria sido capaz de beber — nem sequer um golinho! — através daquele elmo idiota.

"Tudo é *maya*, ilusão. Até mesmo uma cerveja real. Uma cerveja imaginária, portanto, deve ter um sabor tão bom quanto."

O Guru da Cerveja

19
A Cerveja Imaginária *versus* a Cerveja Real (Uma Meditação do Guru da Cerveja)

Segundo várias tradições místicas do Oriente, aquilo a que chamamos comumente de "mundo real" é *maya*, ilusão. A vida não passa de um sonho, e nós somos os sonhadores. Até mesmo os cientistas sabem que a nossa realidade é ilusória. A Física Quântica demonstra que 99,99% de qualquer objeto sólido, que podemos ver e tocar, é na verdade constituído de nada.

O que percebemos como objetos sólidos são amontoados de partículas subatômicas, zunindo a uma incrível velocidade, cujo movimento cria uma ilusão de ótica, a qual chamamos "mundo real" ou "mundo material". Nem mesmo essas partículas podem ser apropriadamente descritas como "sólidas", uma vez que podem passar a se comportar como ondas, a qualquer momento; essas pestinhas imprevisíveis.

A terrível conclusão a que podemos chegar, depois de tais considerações, é que nem mesmo uma cerveja real é real.

Sabemos que isso pode ser um terrível choque para algumas pessoas; mas há um aspecto positivo nisso tudo, o que significa que se, nem sempre é possível arranjar uma boa cerveja real, você será sempre capaz de arranjar uma cerveja imaginária — que deverá ter um sabor quase tão bom quanto o de uma cerveja real.

Naturalmente, você só poderá beber a sua cerveja imaginária quando imerso numa Meditação do Guru da Cerveja.

Para conseguir uma boa meditação, o Guru da Cerveja não vai encher você com aquela típica empulhação, que exige um esforço sobre-humano e enorme força de vontade para "esvaziar a mente". O Guru sabe que a sua mente já é, habitualmente, quase vazia — exceto pelo sexo, o futebol e a cerveja.

Tudo o que você tem a fazer é enchê-la com a sua "Cerveja Imaginária".

Sente-se em seu círculo cervejístico sagrado e medite sobre a cerveja colocada sobre o altar. Visualize a si mesmo despejando aquela cerveja num copo. Em sua imaginação, leve a cerveja até seus lábios e saboreie cada gota dela.

Imagine que você pode sentir seu aroma. Imagine que pode sentir o líquido gelado e borbulhante extasiando todas as suas papilas gustativas.

Imagine que você pode sentir a avassaladora onda refrescante batendo contra o seu palato.

Imagine-se sorvendo aquele maravilhoso primeiro gole. Sinta a irradiação de prazer que ele causa em todo o seu corpo.

Imagine-se relaxando num profundo estado de bem-aventurança, no qual você se sente intimamente em paz e torna-se uno com Deus e com o Universo.

Lembre-se de que nos níveis espirituais mais elevados, os quais você alcança através da meditação, sua "Cerveja Imaginária" é tão real quanto qualquer cerveja real, com a vantagem adicional de poder despertar seus poderes super-humanos latentes.

Exercícios como esse são excelentes para estimular a sua visão interior, sua imaginação e sua clarividência.

Você irá notar que eles dão um resultado positivo quando começar a se sentir ligeiramente embriagado.

A coisa mais bela a respeito de beber da "Cerveja Imaginária" é que ela não custa nem um centavo. Você pode, dessa forma, economizar uma fortuna, ao poupar o dinheiro que gastaria num boteco qualquer, numa noite de sexta-feira.

"Embriagar-se com cerveja imaginária é fruir das delícias supramundanas da intoxicação transcendental."

O Guru da Cerveja

"Depois de 18 horas de sexo tântrico, eu preciso de uma cerveja."

O Guru da Cerveja

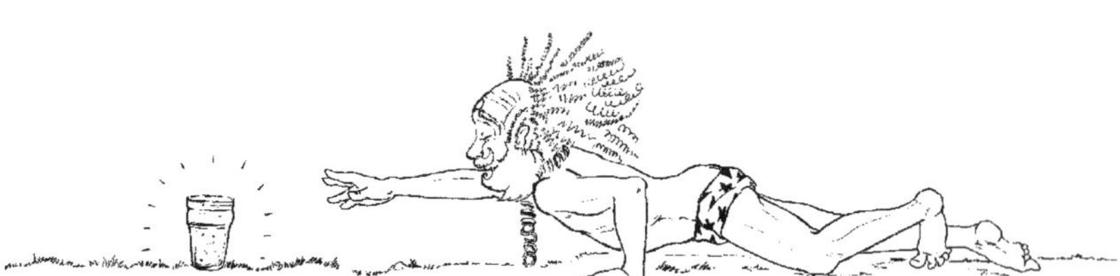

20
Cervejismo Tântrico

Todas as histórias que você possa ter ouvido acerca do Cervejismo Tântrico são verdadeiras. Você pode agüentar "em pé" por horas e horas. É necessário adquirir uma certa prática, mas os resultados compensam, vantajosamente, todos os esforços.

A primeira etapa envolve o alinhamento dos seus *chakras* com os da cerveja, criando, assim, uma ressonância entre a cerveja e o seu eu interior. Isso é parte do processo avançado de tornar-se uno com a sua cerveja.

Na verdade, você não bebe a cerveja; simplesmente, absorve sua essência vibracional. Ao mesmo tempo, você renova e recambia a energia dos seus "*chakras* bebedores de cerveja" — o laríngeo e o do plexo solar, localizados, respectivamente, na garganta e no estômago — para os *chakras* mais espiritualmente elevados, do coração e da mente.

Isso é feito pela combinação de exercícios de solo para a região pélvica e séries de respiração sincronizada, que injetam a energia pelos *nadis* (canais por onde flui a energia conhecida como *kundalini*) até os centros mais elevados.

Em termos de energia espiritual, trata-se de "levantar, manter firme e continuar bombeando".

"Se você precisa tomar alguma coisa antes de uma sessão de sexo tântrico, assegure-se de que seja algo puro e forte."

O Guru da Cerveja

"Om breja.
Om breja.
Om breja."

O mantra do Guru da Cerveja

21
Mantras

Mantras são frases que devem ser repetidas incessantemente para induzir a um transe semi-hipnótico, propício à prática da meditação transcendental, na qual você perde a noção de si mesmo como indivíduo e torna-se uno com sua cerveja e com o Universo.

O mantra mais conhecido é o "Om", a palavra que descreve o som da Criação, em sânscrito. O símbolo sânscrito que representa esse som é semelhante ao número 3 com um arco adicional à sua direita, acoplado à parte posterior. A Bíblia diz que "no princípio, era o verbo". Se houve, efetivamente, uma palavra no princípio de tudo, deve ter sido "Om", ou alguma coisa que soasse muito semelhante a isso.

Entoando-se "Om", cria-se uma ressonância entre o meditador e as forças criativas do Universo, fazendo do praticante um centro do qual emana o poder cósmico.

À medida que você o entoa, uma energia regeneradora curativa é conduzida, a partir de você, pelas ondas sonoras. Você se torna uma ondulação na superfície do lago de força vital e uma energia revitalizadora flui do seu ser, harmonizando-o com o mundo ao seu redor, sintonizando-o com a harmonia superior dos reinos celestiais.

Diz-se que entoar o "Om" mil vezes, de maneira profunda e sincera, é capaz de purificar uma pessoa a tal ponto que lhe seria possível beber várias garrafas de Fluido Druida (uma beberagem extremamente forte e intoxicante) sem que isso lhe resultasse em qualquer dano — ainda que, pessoalmente, não recomendemos que ninguém se submeta a tal teste.

O segundo mantra mais conhecido é o "Om mani padme hum"; uma prece tibetana cujo significado é, aproximadamente, "Om, saudações à jóia da consciência que alcançou o coração do lótus".

O Guru da Cerveja tem um mantra similar: "Om mãin dámi bebum". Estudiosos religiosos dizem que não há uma tradução literal significativa, uma vez que seu significado ultrapassa as limitações da comunicação verbal e fala diretamente à alma.

Como um seguidor devoto do Guru da Cerveja, você freqüentemente se surpreenderá ultrapassando os limites da comunicação verbal.

Tome isso como um sinal da confirmação de que a cerveja e os mantras são uma combinação poderosa para criar estados alterados de consciência.

Em vista disso, os iniciantes no caminho do Guru da Cerveja podem preferir começar entoando um mantra muito simples: "Om breja. Om breja. Om breja".

Seguidores e estudiosos mais aplicados podem tentar entoar o mantra favorito do Guru da Cerveja: "Om mêo, totomán' ossó umazín".

Repita incessantemente, até que a transcendência seja alcançada.

"Bares têm suas próprias linhas *ley*. O centro da trama que elas traçam é o Leão Vermelho, que fica no centro do maior círculo de pedra da Europa, em Avebury."

O Guru da Cerveja

22
Leys, Lugares Sagrados e as Linhas Cervejísticas

Desde a publicação do livro *The Old Straight Track* [A Antiga Trilha Reta], de Alfred Watkins, em 1925, sabe-se que as localizações de igrejas inglesas erigidas antes da Reforma, alguns monumentos, fontes e poços abençoados e outros lugares sagrados formam padrões lineares — conhecidos como *leys* — regulares sobre a topografia de certas localidades.

Para o mundo acadêmico, os *leys* são um fenômeno questionável, fonte de constantes controvérsias.

Para os místicos, os *leys* não são um enigma. São artérias por onde circula a força vital planetária, o Espírito da Terra, que freqüentemente se manifesta na aparição de uma deusa, ou de uma pálida figura feminina, em certos pontos nodais ao longo de toda a sua extensão. Tais aparições, acredita-se, deram origem a vários lugares sagrados que assinalam e são assinalados pelos *leys*.

Pouco tempo depois da publicação de *The Old Straight Track*, um segundo (e muito menos conhecido) livro surgiu, tratando do mesmo fenômeno: *The Wibbly Wobbly Way* [O Caminho Bamboleante], de Wilfred Atkins.

Atkins notou que alguns *leys* não apenas incluíam mosteiros, abadias e outros lugares sagrados onde a cerveja era produzida, mas, também, tavernas e antigos bares públicos onde costumava ser consumida.

A partir dessa constatação, ele sugeriu que os *pubs* — bares públicos — ingleses possuíam seus próprios *leys*, sistemas de Linhas Cervejísticas.

O centro desses sistemas lineares estaria no maior monumento circular de ruínas megalíticas da Europa, o conhecido Avebury Henge. Mais precisamente, na tradicional taverna do Leão Vermelho (*Red Lion*), que fica exatamente no centro do círculo de pedras.

Irradiando-se a partir daquele ponto, uma trama de Linhas Cervejísticas *ley* conecta inúmeros bares, por toda a extensão territorial do país.

Se essa hipótese for correta, confirmará a suposição de que alguns dos mais antigos bares da Inglaterra tenham sido construídos em solo sagrado, ao longo dos *leys*. Eles seriam, assim, pontos nodais de poder na trama mundial, nos quais seria possível receber — diretamente das fontes — emanações cósmicas e energia espiritual. As Linhas Cervejísticas que os conectam delimitariam parte do "território sagrado" da Inglaterra.

As Linhas Cervejísticas descritas por Atkins, contudo, não são retas, nem desenham padrões regulares, como as linhas *ley* descritas por Watkins. Antes, elas traçam intrincadas rotas sinuosas através da paisagem britânica, conectando um bar a outro — como se marcassem a trajetória percorrida por um ébrio numa noite de folga. Atkins foi preciso ao apontar para o fato de que elas representam perfeitamente a influência da cerveja nesse sistema de *leys* em particular.

Não obstante, a hipótese de Atkins coincide com as descobertas de renomados radiestesistas (estudiosos que fazem prospecção de energias, de maneira similar e com instrumental muito semelhante ao que se emprega na prospecção por cerveja, descrita no Capítulo 8), que fizeram uma extensa investigação sobre o mais longo "alinhamento" da Inglaterra — a *Saint Michael Line* [Linha de São Miguel], que corta o país, na direção sudoeste–leste, conectando várias igrejas dedicadas a São Miguel, desde o Monte São Miguel, na Cornualha, até o Condado de Norfolk.

Eles descobriram que a "Linha de São Miguel", na verdade, "contém" duas polaridades energéticas detectáveis, que ondulam e misturam-se entre si, confundindo-se — exatamente como uma das Linhas Cervejísticas descritas por Wilfred Atkins.

"Casualmente", a Linha de São Miguel cruza com uma das linhas descritas por Atkins, em Avebury. O ponto exato onde isso acontece é marcado por uma pedra enorme, que parece ter sido esculpida na forma de uma poltrona.

Trata-se de um excelente lugar para levar uma cerveja — adquirida no Red Lion, é claro. Especialmente na hora em que ele é banhado pelos raios do sol, ao meio-dia, o que o torna um lugar de poder especial, sobre o qual é possível se sentar e meditar (não se esqueça, porém, de levar a caneca de cerveja de volta ao bar, depois de curtir seu ritual particular).

Prospectores têm obtido muito sucesso em mapear essas linhas de energia; portanto, é aconselhável aprender um pouco sobre suas técnicas, se você deseja encontrar os lugares mais poderosos para "sintonizar" a sua cerveja — os pontos cervejísticos nodais.

Se você tiver desenvolvido um certo grau de sensibilidade, será capaz de sentir a energia de uma Linha Cervejística de forma tão distinta como se tivesse tomado uma garrafa inteira da fortíssima *Stoudt's Abbey Triple* (graduação alcoólica de 9% p/ vol.) com o estômago vazio.

Quando encontrar um ponto energético muito forte, você poderá se sentir, repentinamente, incapaz de permanecer em pé; e ver-se apanhado num rodopiante vórtice de energia que o atira ao chão.

Uma vez que você tenha encontrado um lugar estável e seguro o bastante, permaneça nele — estatelado no chão, como uma estrela-do-mar — e tente sintonizar-se. Ignore os comentários autodepreciativos do tipo "bicho rastejante", "coisa de que os cachorros lambem a boca" e "alquimista do mijo" que podem perpassar sua mente.

Apenas fique onde estiver, até que a vertigem diminua. Então, você poderá se conectar com a pulsação do poder da Terra e expandir sua consciência até o nível planetário.

Quando você estiver uno com o planeta, sua aura terá atingido, aproximadamente, 40 mil quilômetros de diâmetro.

Individualmente, você terá crescido — em termos espirituais — na mesma proporção.

"Beba-me. Beba-me. Beba-me."

A cerveja do Guru da Cerveja falando com ele.

23
A Cerveja Fala

No seu treinamento para tornar-se um Guru da Cerveja, você chegará a um ponto em que a cerveja começará a falar com você. Não se assuste. Sua voz será aquela voz interior, à qual normalmente não prestamos atenção, nem costumamos ouvir, com todo o ruído de fundo causado por nossos próprios pensamentos.

Existem várias opiniões sobre o que ou quem essa voz representa. Há quem diga que ela é a voz do eu interior que vive em você. Outros estão convencidos de que é a voz de Deus. Os seguidores do Guru da Cerveja são propensos a acreditar que se trata da voz da Deusa da Cerveja ou do Buda da Cerveja.

Ouça-a atentamente e tome nota. Nunca se sabe quando essa voz poderá ditar a você os números a serem sorteados na loteria.

É mais provável, contudo, que a voz venha a lhe dar conselhos espirituais que lhe irão ensinar mais sobre cerveja do que qualquer ser encarnado neste mundo seria capaz de fazer.

Todavia, se a voz parecer lhe enviar mensagens sobre fazer picadinho de algumas pessoas com uma serra elétrica, é bem provável que você tenha captado algum tipo de interferência. Nesses casos, não lhe dê ouvidos.

Um conhecido fenômeno correlato é popularmente chamado de "canalização", e ocorre quando uma entidade espiritual utiliza a cerveja como um meio ("médium") para entrar em você e se manifestar, utilizando a sua voz.

Se isso pode significar algo de bom ou não, dependerá da entidade e do que ela possa desejar.

Caso se trate do Guru da Cerveja, da Deusa da Cerveja ou outro de seus guias espirituais, tudo bem. Você será considerado como a "alma da festa", do bar ou do lugar onde estiver, desfiando pérolas de sabedoria e contando piadas absolutamente hilariantes.

Por princípio, no entanto, a "canalização" não é recomendada para iniciantes. Você pode atrair um "espírito-de-porco" qualquer, que porventura (ou, melhor dizendo, desventura) esteja rondando o recinto à procura de uma vítima na qual "encarnar". Esteja atento aos seguintes sinais indicativos:

Se você, de repente, começar a falar com uma voz engraçada, com um sotaque incomum, ou numa linguagem incompreensível; ou se você, atipicamente, começar a fazer comentários abusivos e a emitir opiniões preconceituosas sobre qualquer coisa, é de suspeitar que esteja temporariamente possuído por uma entidade bêbada.

Recomponha-se. Desculpe-se profunda e sinceramente, explicando que a culpa foi toda da cerveja. Até mesmo as pessoas mais descrentes e não-espiritualizadas o compreenderão.

Todavia, você deve, mesmo assim, submeter-se a alguma forma de exorcismo, o mais rápido possível — principalmente se também se mostrar capaz de rotacionar sua cabeça num ângulo de 360 graus sobre o pescoço e de projetar seu vômito, em jatos, a grandes distâncias.

"A vida é curta. Beba quanto puder."

O Guru da Cerveja

24
Amigos Invisíveis

À medida que trabalhar com a sua Sacra Birra e o Guru da Cerveja, você evoluirá no sentido de se tornar um ser mais sábio. Seu *chakra* responsável pela Terceira Visão será ativado, tornando os habitantes dos reinos espirituais visíveis a olho nu para você.

Na intimidade do seu Santuário Cervejístico, ou Círculo Cervejístico Sagrado, isso não será problema.

Não há, porém, nada mais desconcertante do que ter Tonto, o seu guia espiritual indígena da América do Norte, tentando atrair a sua atenção quando você está num bar, acompanhado dos seus amigos não-espirituais.

Alguns deles saberão aceitar as suas novas excentricidades. Outros, todavia, olharão para você como se fosse um cachorro louco, e darão um passo para trás, quando estiverem na sua presença.

Amigos invisíveis são ótimos quando se é criança. Todo mundo credita os tais a uma imaginação ativa. Quando você os tem na idade adulta, porém, uns homens de branco podem aparecer de repente com uma seringa de injeção cheia de drogas estupefacientes e vesti-lo com uma bela jaqueta que se fecha quando é amarrada às suas costas. Você não há de querer isso.

O Guru da Cerveja recomenda uma conversa reservada com seus espíritos auxiliares, durante a qual você deve pedir, gentilmente, a eles que não o atrapalhem enquanto você cuida dos seus assuntos cotidianos.

Por falar em amigos invisíveis, o que quer que você faça, não arranje uma namorada invisível, pois essa relação está fadada a ser cheia de problemas.

Naturalmente, você encontrará algumas das maravilhosamente atraentes Anja da Cerveja e Sacerdotisas da Deusa da Cerveja enquanto viaja pelo caminho do Guru da Cerveja. Nenhuma delas, porém, é humana, e elas não podem se comportar como namoradas comuns.

São criaturas míticas, que existem em outros planos e dimensões mais elevadas. Se você se apaixonar por uma delas, não poderá apresentá-la a uma pessoa sequer, pois ninguém mais será capaz de vê-la.

O lado positivo dessa questão é que nenhum dos seus amigos poderá "dar em cima" dela assim que você virar as costas.

O lado negativo é que, quando você sentir aquela vontade incontrolável de "afogá-la" com um beijo em público, as pessoas que não conseguem vê-la ficarão imaginando o que diabos você estará fazendo com a sua língua.

"Reencarne,
e volte para tomar mais uma."

O Guru da Cerveja

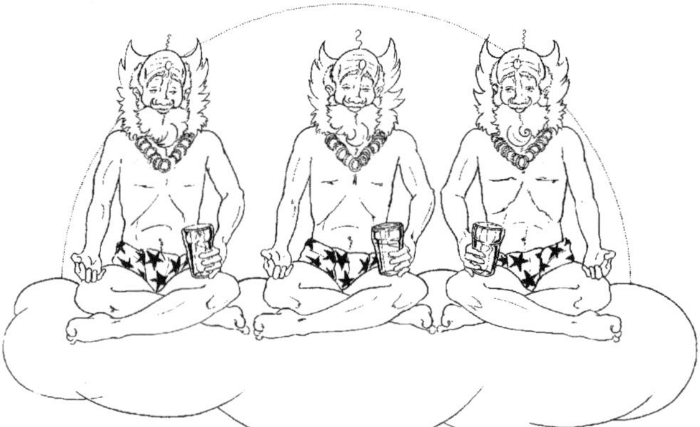

25
Reencarnação

O ciclo da vida, morte e renascimento é eterno e natural. Uma noite segue-se a um dia. Um dia segue-se a uma noite. Uma cerveja segue-se a outra cerveja.

Esse é o caminho de toda forma de vida, e o da nossa evolução espiritual.

"Nem todas as vidas passadas foram como faraós ou altas sacerdotisas. Numa das minhas, por exemplo, eu fui um maconheiro Neanderthal, que passava seus dias bebendo cerveja num boteco de frente para um parque."

O Guru da Cerveja

Como um acólito do Guru da Cerveja, você estará evoluindo muito além das limitações de uma simples existência humana.

Quando você morrer da próxima vez, sua alma imortal renascerá numa nova vida, para continuar sua busca pela iluminação através da cerveja.

Os antigos egípcios tinham tanta fé na vida após a morte que costumavam deixar alguma cerveja nas tumbas, para que os falecidos tivessem o que beber no "outro lado".

Os druidas eram tão convictos da imortalidade da alma eterna que, freqüentemente, pediam dinheiro emprestado e faziam arranjos para pagar suas dívidas em suas existências seguintes.

Infelizmente, esse é um costume que caiu em desuso nos dias de hoje.

Todavia, é uma idéia reconfortante para muitas pessoas saber que — ao contrário do que acontece com o dinheiro — a cerveja pode ser levada consigo, quando se morre.

Tudo o que você tem a fazer é beber o máximo possível antes de "partir".

"Uma ressaca monstruosa é um exemplo perfeito de *karma*, a lei espiritual de causa e efeito."

O Guru da Cerveja

26
Karma

Karma é a lei universal de causa e efeito. Para cada evento ou ação que ocorra, haverá um evento subseqüente, cuja existência terá sido causada pelo primeiro.

O evento resultante será prazeroso ou lamentável, dependendo de haver sua causa incorrido em bom ou mau *karma*. Assim, a Lei do *Karma* nos ensina a ter responsabilidade sobre cada ação cometida — boa ou má –, nesta vida ou em outra, pois seus efeitos irão se manifestar inapelavelmente sobre quem as comete.

O *karma* funciona sobre uma escala de tempo tão vasta que, do ponto de vista de uma única existência humana, não faz sentido procurar saber se estamos "pagando" mau *karma* ou se incorremos em novos "débitos" ou "créditos" a cada coisa que fazemos ou que nos sucede. É aconselhável, todavia, presumir que podemos ganhar alguns "créditos" karmáticos se agirmos bem, de um modo geral.

Seja bom, seja gentil, generoso e compassivo com todos que cruzarem seu caminho. Deixe-os acreditar que o mundo é um lugar melhor por incluir a sua presença nele.

"Se alguém lhe paga uma cerveja, pague-lhe outra, em retribuição. Você não gostaria de adicionar um débito cervejístico ao seu *karma*."

O Guru da Cerveja

"Depois de umas cervejas, você ama todo mundo, e todo mundo ama você. A cerveja é o amor líquido."

O Guru da Cerveja

27
Libere os Poderes Secretos da Cerveja

No Capítulo 9, você aprendeu a criar seu espaço consagrado à cerveja. A esta altura, você já deve ter passado várias horas felizes sintonizando-se com as misteriosas e miraculosas forças que fluem através da cerveja.

Agora, é chegada a hora de aprender mais sobre a arte do Guru da Cerveja e utilizar essas forças para liberar alguns dos poderes secretos da cerveja.

Para tanto, você precisará trabalhar dentro do seu círculo cervejístico sagrado — feito com oito canecas de cerveja — para conectar você mesmo e sua cerveja ao poder da Força Vital Universal.

Sente-se no centro do círculo, empunhando uma nona caneca de cerveja, que representará a unidade mágica sobre o infinito (cujo símbolo é um desenho similar ao número oito), criando o *Axis Mundi* — literalmente, um eixo de poder, que passará através do centro do seu círculo, conectando você e a sua cerveja à força vital que permeia tudo o que existe entre as estrelas no firmamento e as profundezas da Terra.

Inspire lenta, profunda e calmamente. Relaxe, e a cada inspiração faça corresponder uma expiração, que levará para longe de você todas as suas tensões e preocupações. Então, visualize uma coluna de luz que desce do alto até conter você no seu foco; uma coluna de luz que emana do centro do Universo.

"With just the beer light to guide us."
[Apenas com a luz da cerveja a nos guiar.]
Ziggy Stardust (David Bowie) and the Spiders from Mars

Enquanto inspira, inspire a luz. Inspire-a para dentro do seu corpo; sua cabeça, seu peito, seus braços, seu estômago.

Mais importante ainda, inspire a luz para sua cerveja. Primeiro, para a sua nona cerveja, que você segura em suas mãos, no centro do círculo; depois, para as outras oito, de modo que todo o seu círculo cervejístico sagrado seja envolvido pela luz e pelo poder.

Simultaneamente, permita que todo o amor que você sente pela sua cerveja flua de você para as canecas. Ame sua cerveja incondicionalmente. Encha sua cerveja de luz e de amor, homem!

"Amor é cerveja. Cerveja é amor."
O Guru da Cerveja

Pratique esse exercício durante o tempo que achar necessário, até que você e a sua cerveja estejam totalmente energizados e plenos do poder da força vital universal, emitindo uma intensa luminosidade dourada.

Desfrute da sensação de poder e de bem-estar.

Você terá criado, então, nove canecas de Cerveja de Luz, a sua versão particular da "Dourada", plena dos poderes secretos da cerveja.

Seja sensato ao utilizar esse poder.

Muitas cervejas conferem a ilusão de imortalidade e juventude eterna.

Após ingerirem uns poucos goles delas, homens idosos sentem-se novamente como jovens, dançam com renovado vigor e imaginam-se irresistivelmente atraentes para mulheres com idade suficiente para serem suas filhas.

Homens jovens tornam-se destemidos e crêem-se imbuídos de poderes sobre-humanos e de uma ilusória imortalidade.

Lamentavelmente, o efeito, na maioria das vezes, passa rápido; e todos eles acordam, no dia seguinte, parecendo muito mais velhos e cansados da vida, queixando-se de sua pobre condição mortal.

A Cerveja de Luz que você, agora, tem em mãos é diferente. Não a desperdice "entornando-a" em largos goles. Saboreie cada gota, com devoção espiritual.

Você descobrirá que a cerveja energizada pela força vital terá um sabor bem distinto, e lhe será muito mais benéfica.

Ela poderá refrescar algumas partes de seu corpo que as cervejas comuns não conseguem alcançar.

"Basta uma caneca de Cerveja de Luz bem energizada para torná-lo capaz de ouvir o som de uma única mão batendo palmas."

O Guru da Cerveja

"A chave para os mistérios."

O Guru da Cerveja

28
As Propriedades Místicas da Cerveja

Agora, você tem nove canecas da sua Sacra Birra pessoal; sua própria Cerveja de Luz.

Certamente, ela não será tão potente quanto a fabulosa Shangri-La-La-Lager, a "Dourada"; por isso, você ainda não poderá se tornar onividente e onisciente. Uma boa Cerveja de Luz, porém, possui poderes místicos capazes de fazer verdadeiros milagres por você. Segue-se, aqui, uma pequena lista deles.

Ela pode lhe conferir força sobre-humana.

Ela pode lhe dar uma incrível autoconfiança.

Ela pode lhe conceder a imortalidade.

Ela pode torná-lo invencível.

Ela pode torná-lo insensível à dor.

Ela pode lhe dar energia ilimitada.

Ela pode fazer de você um brilhante interlocutor e um maravilhoso contador de histórias.

Ela pode torná-lo um poeta estupendo. E um excelente cantor de karaokê.

Ela pode dotá-lo de um irrepreensível bom gosto para vestir-se.

Ela pode torná-lo incompreensivelmente atraente para o sexo oposto – irresistível para todas as mulheres.

Ela pode lhe dar um pênis maior.

Ela pode dotá-lo de poderes psíquicos.

Ela pode torná-lo um telepata.

Ela pode ajudá-lo a fazer uma viagem astral e a obter fantásticas experiências fora do corpo.

Ela pode lhe dar um insaciável apetite sexual, a ser exercitado em fantásticas experiências dentro-e-fora, dentro-e-fora, dentro-e-fora dos corpos mais desejáveis.

Você ainda poderá arrotar e peidar tão alto quanto quiser, sem que ninguém note. Nem mesmo você.

"Quando você puder fazer uma viagem astral, descobrirá que existem lugares bem mais interessantes para visitar do que o boteco da esquina."

O Guru da Cerveja

29
Experiências Fora do Corpo, ou Viagens da Alma

"Para sair do próprio corpo, primeiro é preciso sair da sua cabeça."

O Guru da Cerveja

Uma vez que tenha aprendido a conectar-se com as fontes cósmicas, tenha ativado seu corpo luminoso e criado a sua miraculosa Cerveja de Luz, você estará preparado para aprender a fazer uma Viagem Astral.

Esse é o único meio de chegar à Caverna do Guru da Cerveja, ao Mosteiro dos Irmãos da Cerveja, ao Templo da Deusa da Cerveja e à Fonte de Todo o Conhecimento.

A grande questão é: como se faz isso?

A resposta é simples: com as nove canecas de Cerveja de Luz que você acabou de criar, apenas uma delas deverá ser suficiente para fazer você ficar completamente "fora de si", "sair da sua cabeça". Então, sua mente poderá ir aonde bem quiser.

Ela será livre para viajar ao longo de Linhas Cervejísticas e *leys*, pelos oito cantos do Universo; para ir a qualquer mundo, qualquer dimensão, qualquer reino. Para viajar ao passado, no presente ou ao futuro. Até mesmo para ir a lugares que não existem, na realidade: os mundos dos hobbits, dos elfos ou de Harry Potter.

Aonde sua mente for, sua consciência a seguirá, levando uma centelha da sua alma.

"Pense em mim como o seu agente de viagens astrais."

O Guru da Cerveja

Que tal uma viagem ao centro do Sol? Ou, então, dar uma passadinha, à tarde, em Machu Picchu; e voltar a tempo para o jantar? Ou, talvez, visitar a cidade perdida de Atlântida? Ou até mesmo conhecer o quarto de dormir daquela garçonete maravilhosa que atendeu você tão gentilmente, há poucas horas?

Amyr Klink e a família Schürmann não fazem viagens tão fantásticas, mas você pode viajar assim, se aprender a fazer viagens astrais.

Não beba mais de uma caneca por viagem. Muita Cerveja de Luz pode facilitar uma viagem astral, mas prejudica a memória; então, você não se lembrará de onde esteve ou do que andou fazendo por lá. Não faz muito sentido viajar para lugar algum, nessas circunstâncias.

O Guru da Cerveja descobriu que uma das melhores maneiras de sair do próprio corpo é fazendo uma visita a clubes ou boates de *strip-tease*. Nesses lugares, ele passa, com facilidade, a um estado de transe, olhando para as garotas. Isso o ajuda no processo de ficar "fora de si"; e ele pode, assim, abandonar seu corpo ali mesmo, por algumas horas.

No discreto ambiente do Rinoceronte Hortelã — ou no de sua casa co-irmã, o Hipopótamo Mentolado —, os olhos esbugalhados e a expressão aparvalhada em seu semblante não parecem nada fora do comum; e ele pode passar tranqüilamente despercebido.

O único problema é que, às vezes, ao retornar de suas viagens astrais, ele se surpreende ao ter de pagar uma conta astronômica de bar; ou vê todo o dinheiro, antes guardado em sua carteira, aparecer misteriosamente enfiado nas calcinhas ou cintas-ligas das dançarinas.

Como qualquer outra coisa, as viagens da alma requerem prática. Reserve um bom par de horas por semana para dar-se uma viagem astral de presente.

Com um pouquinho de prática, você logo será capaz de empreender viagens à Caverna do Guru da Cerveja, ao Mosteiro dos Irmãos da Cerveja e ao vale oculto de Shangri-La-La-La.

"A cerveja é um portal para outras dimensões."

O Guru da Cerveja

30
A Caverna do Guru da Cerveja

Quando você se tornar um viajante astral experimentado e tiver recebido o seu passaporte para outras inebriantes realidades metafísicas, poderá viajar até a Caverna do Guru da Cerveja.

A jornada terá início quando você vir uma aparição do Guru da Cerveja flutuando em meio a um brilhante halo dourado sobre a sua cerveja, enquanto você medita. Ele atuará como o seu guia pessoal, e você se encontrará viajando — no astral — com ele, ao longo das Linhas Cervejísticas que levam até a sua Caverna, nos Himalaias.

A Caverna do Guru da Cerveja é mobiliada com simplicidade, como seria de esperar do gosto de um homem-santo. Ela contém apenas o seu círculo cervejístico sagrado, seu altar à cerveja, um refrigerador, uma TV, um aparelho de DVD, um Playstation Sony, um alvo de dardos, uma mesa de sinuca, uma cama, um jogo de xadrez com peças que imitam os personagens de *Guerra nas Estrelas* e um tabuleiro — com as respectivas peças — de um jogo tipo "Banco Imobiliário", com cenários e personagens inspirados na série *O Senhor dos Anéis.*

Uma vez lá dentro, o Guru da Cerveja irá convidá-lo a sentar-se com ele no centro de seu círculo cervejístico sagrado, onde lhe ensinará os segredos da vida, da cerveja e de tudo o mais.

Tenha à mão um pequeno bloco de notas e escreva quanto puder, pois você pode não ser capaz de se lembrar de tudo o que conversarem, quando retornar ao seu nível normal de consciência. E o Guru da Cerveja pode resolver testá-lo, quando menos você esperar.

Não jogue dardos ou sinuca com ele, apostando qualquer importância em dinheiro. Como você acha que ele conseguiu comprar aquela TV, o Playstation, o DVD e todo o resto?

Quando o Guru da Cerveja achar que você está pronto, ele o conduzirá até a entrada do Mosteiro dos Irmãos da Cerveja, no fundo de sua Caverna.

Ele pode, também, lhe revelar o segredo da felicidade.

"O segredo da felicidade é beber cerveja e nunca tentar ensinar um porco a cantar."

O Guru da Cerveja

"No Tibete, os templos são chamados *stupas*. A maioria dos Irmãos da Cerveja deixa-se ficar lá, *stupa*dificado, o dia inteiro."

O Guru da Cerveja

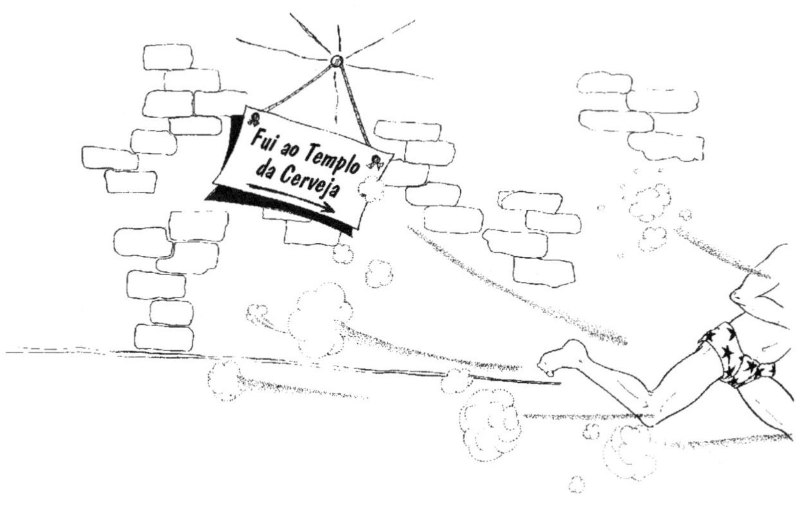

31
O Dalai Brahma e o Mosteiro dos Irmãos da Cerveja

Nos fundos da Caverna do Guru da Cerveja há uma enorme estátua dourada do Buda da Cerveja. Ele está sentado na posição de lótus, empunhando uma caneca da "Dourada", a incomparável Shangri-La-La-Lager.

Ainda que todas as imagens de Buda guardem uma certa semelhança entre si, pode-se reconhecer, de maneira inequívoca, o Buda da Cerveja por duas características bem distintas. Ele é o único Buda que segura uma caneca de cerveja; e o único, também, que veste um colete.

Você jamais verá uma representação do Buda da Cerveja segurando uma latinha de cerveja. Como a maioria dos Budas, ele é um sujeito gordinho; com aquilo que chamaríamos, no hemisfério ocidental, de uma "barriguinha de chope". Alguns dizem que é justamente a isso que se deve seu sorriso inabalável.

Seu rosto é iluminado por um sorriso que irradia amor e serenidade. Um sorriso que atesta haver ele alcançado a iluminação; o êxtase provocado pela comunhão com a fonte de toda felicidade.

Se colocar seu dedo no umbigo da estátua, você verá o Buda da Cerveja deslocar-se lateralmente, revelando uma passagem secreta. Ela conduz ao Mosteiro dos Irmãos da Cerveja, que cultuam e servem à Deusa da Cerveja e buscam pela Fonte de Todo o Conhecimento.

O Mosteiro jamais foi visitado, fisicamente, por qualquer habitante do mundo exterior. O Guru da Cerveja é a única pessoa a quem a passagem além desse ponto já foi permitida, nos últimos séculos. Qualquer outra pessoa deve chegar até ali por meio de uma viagem astral, tal como você.

A longa passagem é ladeada por várias estatuetas e ícones do Buda da Cerveja. A atmosfera é densa, impregnada pelo aroma de incenso e pelo som dos monges entoando cânticos e orações.

À distância, você poderá ouvir o som das rodas de oração, o ruído cavo das gamelas sendo raspadas por *hashis* no refeitório e o badalar de sinos e gongos.

Ao fim da passagem, você terá chegado ao Templo da Cerveja, onde o Dalai Brahma se recolhe, em permanente meditação, diante de um imenso jarro dourado, contendo pouco mais de 6.545 hectolitros da mais pura Cerveja de Luz.

Se o Dalai Brahma aprovar você, ele o abençoará e lhe dará as boas-vindas à Irmandade da Cerveja.

Ele também poderá lhe dar, como presentes simbólicos, um robe cor de açafrão, um abridor de garrafas feito de ouro e um novo nome, pelo qual você será conhecido apenas entre os membros da Irmandade da Cerveja.

Como membro da Irmandade da Cerveja, o Buda da Cerveja, o Dalai Brahma e os Irmãos da Cerveja poderão atuar como seus guias e mestres espirituais nos planos etéreos — tal como o Guru da Cerveja o faz.

Você poderá invocá-los, conjurá-los ou visitá-los — a qualquer momento que deseje — em busca de conselhos ou orientações de todo tipo.

"Quequiã? Totomâno uma cerva cosmêu zermão da Cerveja!"

O Guru da Cerveja

Uma vez que tenha se iniciado em seu caminho, o Guru da Cerveja permanecerá sendo o seu instrutor e guia pessoal. Ele encarna todo o conhecimento e a sabedoria atinente à Sacra Birra. Ele também possui uma Bíblia da Cerveja, da qual deve ter extraído muitos dos ensinamentos que lhe transmitiu, nas visitas que você já fez à sua Caverna.

Porém, você não pode se tornar um membro da Irmandade da Cerveja da noite para o dia. Podem ser necessários dias, semanas, meses ou mesmo anos de meditação, antes que você seja aceito e guiado pela passagem interna a partir dos fundos da Caverna do Guru da Cerveja, ao encontro dos Irmãos da Cerveja e do Dalai Brahma.

Atenha-se ao seu propósito. Nada resiste à perseverança.

Não tente, contudo, fazer uma jornada ao Mosteiro dos Irmãos da Cerveja no mundo físico. Você não terá sucesso.

Não existe um caminho físico. Existe apenas o caminho do Guru da Cerveja.

"Um bom gole limpa da mente toda informação desnecessária."

O Guru da Cerveja

32
A Bolacha da Sacra Birra

A esta altura, você já atingiu os estágios finais da busca do Guru da Cerveja. Se o próprio Guru da Cerveja julgá-lo digno de prosseguir em seu caminho, ele aparecerá para você num sonho e o conduzirá até um pequeno cofre ornamentado, que é mantido atrás do altar do Templo da Cerveja, no Mosteiro.

O cofre contém uma das mais sagradas relíquias de Shangri-La-La-La.

Há quem diga que ela concentra mais poder do que o Santo Graal, embora não se trate de um cálice ou de qualquer tipo de taça. Essas coisas não são mais do que engodos para os materialistas caçadores de fortunas.

Trata-se, aqui, da Bolacha da Sacra Birra.

Ela não é apenas a mais sagrada das relíquias sagradas de Shangri-La-La-La; é a chave para o estágio final da busca pelos mistérios da Deusa da Cerveja e da Fonte de Todo o Conhecimento.

Segundo relatos de quem já a viu, a Bolacha da Sacra Birra parece um objeto desprovido da menor possibilidade de impressionar a quem quer que seja. Ela se parece com uma pequena rodela de papelão — dessas utilizadas como descanso para copos de cerveja — que foi esmagada por um rolo compressor numa poça de lama.

Sua aparência, contudo, não é um indicativo confiável da medida de seu poder espiritual. De acordo com a lenda, aqueles que a tocam têm, em princípio, uma visão da Sacra Birra; e, imediatamente depois, uma outra, de Kay-La, a Deusa da Cerveja, a Provedora Universal.

Testemunhas desse fenômeno asseguram que aqueles a quem foi permitido tocar a Bolacha da Sacra Birra se desmaterializaram instantaneamente, num fulgurante lampejo luminoso.

Isso deu origem ao temor de que os mortais comuns, quando experimentam a "Dourada" Shangri-La-La-La pela primeira vez, são subjugados pela grandeza de seu poder; e, tomados por uma alegria absolutamente avassaladora, morrem de puro contentamento.

***"Contemplem a Cerveja da Glória, a 'Dourada'.
Tal é o seu poder, que homens adultos
caem em prantos diante de sua visão;
E, então, morrem de prazer,
numa onda do mais extasiante júbilo,
E são transportados imediatamente ao Paraíso, para viverem
Entre os imortais por toda a eternidade."***

Uma lenda de Shangri-La-La-La

O que realmente acontece é que esses seres são miraculosamente transportados ao recôndito Templo da Deusa da Cerveja, onde são agraciados com a coroação de seus esforços e o fim de suas buscas, sendo-lhes facultado beber da Fonte de Todo o Conhecimento.

Não há maneira de iniciar esse estágio de busca por si mesmo. Apenas aqueles que estudaram aos pés do Guru da Cerveja por vários e longos anos terão evoluído ao nível dos espíritos mais elevados, e a eles será concedida a honra de experimentar as verdades mais profundas do caminho do Guru da Cerveja.

"Somente a cerveja pode fazer a cítara soar como um instrumento musical."

O Guru da Cerveja

33
O Templo da Deusa da Cerveja

A despeito da afirmação elitista com que se encerrou o último capítulo, todos devem se sentir encorajados a alcançar os mais altos níveis de desenvolvimento espiritual no caminho do Guru da Cerveja.

Ficará, no entanto, a critério do próprio Guru da Cerveja decidir se você é merecedor de tocar a Bolacha da Sacra Birra e ser transportado ao Templo da Deusa da Cerveja.

Esse é, provavelmente, o maior dos mistérios do Guru da Cerveja. Porém, algumas informações esparsas sobre o Templo da Deusa da Cerveja tornaram-se públicas, a partir de depoimentos de uns poucos escolhidos que atravessaram os sagrados portais dessa etapa de sua evolução espiritual — e voltaram para contar a história.

Segundo esses relatos, trata-se do templo mais antigo daquele vale; e deve ter sido um dos Templos Cervejísticos erigidos por uma civilização há muito esquecida.

Em seu interior, há várias estátuas representando homens e mulheres totalmente entregues às delícias do amor e da fruição de cerveja, adotando diversas posições do famoso Kama Sutra e de seu equivalente, o Kama Suja, obra de autoria do Guru da Cerveja.

O templo era dedicado à prática da magia sexual e do Cervejismo Tântrico, um lugar sagrado onde o amor carnal era celebrado como um ato de criação divina, e a cerveja era consumida nas libações cerimoniais.

O lugar mais recôndito e sagrado de todo o interior do templo é uma área circular, rodeada por nove estátuas das Musas Cervejísticas — que foram esculpidas com impressionante realismo.

Elas se parecem com nove mulheres de carne e osso nuas, colocadas sobre pedestais, abençoadas com corpos de beleza perfeita. O Guru da Cerveja costuma dizer que esse lugar o faz recordar o ambiente do Rinoceronte Hortelã — outro templo dedicado à Deusa da Cerveja que ele costuma freqüentar regularmente.

As Musas Cervejísticas estão voltadas para o ponto focal do templo: um altar circular, adornado por vários tipos diferentes de copos, cálices, canecas, canecões, jarros, púcaros, barris e barriletes, todos contendo uma puríssima cerveja dourada.

Apenas um dos recipientes, porém, contém "o ouro líquido dos deuses": a "Dourada" Shangri-La-La-Lager, o Elixir da Vida. Não é fácil identificar corretamente qual deles a contém, pois a quantidade da "Dourada" se limita a apenas três gotas, misturadas a outra cerveja "comum".

Cabe ao buscador que chegar até aquele ponto detectar a cerveja certa.

Caso ele escolha a cerveja errada, morrerá de forma horrível.

O templo desabará sobre sua cabeça. Ninguém sabe o porquê disso; mas assim é, quando se trata de templos antigos e aventuras místicas.

Enquanto maciços blocos de rocha desabam ao seu redor, o infeliz buscador defronta-se com dona Myrtes — a irmã gêmea oposta da Deusa da Cerveja —, que se materializa e se senta sobre seu rosto. A visão do malsinado buscador, então, obscurece completamente, e ele é arremessado ao negro Poço do Sorvedouro, sem a menor possibilidade de retorno.

Lá, ele estará condenado a rodopiar em velocidade de rotação de toca-discos, por toda a eternidade.

Mas, se ele souber escolher a cerveja certa, os acontecimentos jamais tomarão um rumo tão funesto. Que todos, porém, sejam prevenidos de que não se trata de uma escolha fácil.

Não há pequenos e modestos cálices a serem escolhidos pelos pios, como no filme em que Indiana Jones encontra o Santo Graal. O formato do recipiente não oferece nenhum sinal indicativo claro, nem a cerveja que ele contém — que se parece exatamente com qualquer cerveja comum.

O buscador estará, então, por sua própria conta.

Esse é um teste para a sua percepção extra-sensorial.

"Torne-se um ser mais elevado. Suba numa caixa de cerveja."

O Guru da Cerveja

34
A Fonte de Todo o Conhecimento

Apenas um homem de coração puro pode escolher a cerveja certa.

Se escolher com sabedoria, um raio de luz solar, repentinamente, penetrará por uma fresta nas rochas do teto abobadado, a centenas de metros do chão, atingindo em cheio um dos recipientes e iluminando-o de modo a fazer a cerveja nele contida resplandecer num brilho dourado, como o do próprio sol.

A cintilação dourada, então, envolverá todo o interior do templo, iluminando-o como a um límpido dia de verão.

Uma gigantesca estátua — feita de ouro puro — da Deusa da Cerveja emergirá do piso no centro do templo e elevará o buscador, aninhando-lhe o corpo em seus muitos braços.

Não há motivo para se preocupar com a possibilidade de ser esmagado pelo abraço que o comprime de encontro aos generosíssimos seios da Deusa da Cerveja. Antes, deve-se relaxar e entregar-se languidamente a esse abraço. A estátua, então, começará a baixar, recolhendo-se novamente às profundezas sob o chão do ponto central do templo, levando o feliz buscador da felicidade em seus braços.

Ninguém jamais revelou o que se encontra abaixo do piso do altar central do templo.

Há quem diga que é um bar amplo, onde se encontram centenas das mais perfeitas cervejas "sagradas" de todo o mundo. É possível experimentar todas elas na mesma ocasião, sem que uma ressaca monumental resulte de tal façanha.

Outros afirmam que há apenas uma torneira — conectada diretamente à Fonte de Todo o Conhecimento –, pela qual flui a cerveja, por trás do balcão. A cerveja é servida pela própria Deusa da Cerveja, que assume as formas da mulher mais linda que já se viu.

Enquanto se observa a Deusa encher um copo com a "Dourada", enche-se a si mesmo de puro êxtase.

O poeta William Blake contemplava o mundo num grão de areia. Se descer às profundezas do templo, você poderá contemplar o Universo e a eternidade num copo de cerveja.

Sua cor lembra a do ouro polido, cintilando sob o sol, num dia de verão. As pequenas bolhas que sobem através do líquido rebrilham como estrelas. O "colarinho" que se forma no topo do copo, visto de cima, remete-nos à imagem da lua cheia numa noite de céu sem nuvens.

Quando se leva o copo aos lábios e prova-se um pequeno gole do líquido, tudo passa a fazer sentido, completamente — para muitos, pela primeira vez em suas vidas. Você se torna, assim, onividente e onisciente.

O sorriso do Guru da Cerveja expande-se pelo seu rosto, e você se torna iluminado — desde o seu interior.

Nesse momento, você se assume como a encarnação vivente da "Dourada"; um deus entre os homens.

A Deusa da Cerveja o tomará como consorte, e as nove Musas irão se colocar à sua inteira disposição, agindo como suas assistentes pessoais para satisfazer cada um dos seus mais insignificantes desejos.

Esse é um trabalho duro; mas alguém tem de fazê-lo.

"Se você tem uma cerveja em sua mão, você tem amor no coração e um sorriso no rosto."

O Guru da Cerveja

35
O Segredo do Sorriso do Guru da Cerveja

Agora que você já bebeu da Fonte de Todo o Conhecimento, seu caminho para a iluminação chega ao fim. Você conquistou os poderes para se tornar, de fato e de direito, um Guru da Cerveja.

As provas disso estarão "escritas" em seu semblante, na forma do benevolente e compreensivo sorriso de Guru da Cerveja que você adquiriu.

Esse sorriso é chamado de "compreensivo" porque você, agora, compreende e faz uso de todo o conhecimento que o torna um novo Guru da Cerveja.

É o conhecimento que o enche de alegria, felicidade e amor pela vida.

É o sorriso de alguém que alcançou a bem-aventurança.

É o sorriso de alguém que conhece o segredo da vida.

É o sorriso de alguém que tem cerveja correndo nas veias.

É o sorriso de alguém cuja mente borbulha de conhecimento e espuma novas idéias.

Curiosamente, não é imprescindível beber da Fonte de Todo o Conhecimento para adquirir um sorriso como esse.

Você pode contraí-lo, da mesma forma como contrai um resfriado.

Sorrisos são altamente contagiosos, e espalham-se de um rosto para outro, de uma pessoa para outra.

Basta olhar para uma imagem do Guru da Cerveja ou para uma estátua do Buda da Cerveja para que o sorriso delas se espalhe pelo seu semblante.

Da mesma forma, o sorriso se instala em seu rosto quando você pratica seus exercícios de Guru da Cerveja, quando bebe sua Sacra Birra ou quando manifesta os poderes secretos da cerveja.

Tudo isso enfeita sua aparência com um grande e benévolo sorriso.

Esteja certo de que esse é um sorriso que guarda certos segredos e lhe reserva algumas surpresas. Tão logo você o adquire, ele já começa a revelar alguns de seus segredos.

Experimente. Sorria como o Guru da Cerveja e você irá começar a se sentir diferente, quase imediatamente.

Você poderá realmente sentir a energia irradiando-se a partir do sorriso para todo o seu rosto, seu coração, sua alma e para o resto do seu ser.

Como isso acontece é um dos grandes mistérios do Guru da Cerveja; mas, definitivamente, acontece — como você poderá perceber por si mesmo.

Quando experimentar o poder que o sorriso do Guru da Cerveja lhe confere, você compreenderá que essa é, provavelmente, a coisa mais importante que o Guru poderia ter-lhe dado.

"Se você tem uma cerveja em sua mão,
você tem amor no
coração e um sorriso no rosto."

O Guru da Cerveja

Se você perseverou no aprendizado de todos os ensinamentos do Guru da Cerveja, eu lhe agradeço e o abençôo pela sua atenção e paciência.

Você percorreu um longo caminho, e certamente transformou-se com a experiência. Lembre-se de tudo o que aprendeu; de tudo o que seus olhos viram e que seus ouvidos ouviram.

Se você tocou a Bolacha da Sacra Birra e tornou-se uno com a Deusa da Cerveja, você é, agora, um autêntico Guru da Cerveja.

Você foi abençoado com todos os poderes místicos da cerveja, listados no Capítulo 28.

Você descobrirá que, ironicamente, uma vez alcançado o *status* de Guru da Cerveja e consolidada uma união com o seu eu superior, você mesmo já estará muito acima de tudo isso.

Então, compreenderá que a mais importante lição do Guru da Cerveja o ensina a colocar um sorriso no rosto.

"Afinal, você perceberá que os verdadeiros iluminados não precisam de uma cerveja ou de qualquer outra coisa para serem quem eles realmente são."

O Guru da Cerveja

"Ao fim do caminho espiritual do Guru da Cerveja, você estará em plena bem-aventurança."

O Guru da Cerveja

MATRIX
www.matrixeditora.com.br